JN016396

70代からのパリジェンヌ・スタイル

フランス女性に学ぶ、
幸せな
シニア暮らし

ゴダール敏恵
Godard Toshie

主婦と生活社

Préface

パリジェンヌに学ぶ年齢を重ねる愉しみ

フランスは日本と同様に高齢化が進んでいる先進国の一つです。男性よりも女性が長寿であることも共通点で、女性の平均寿命は日本が87・5歳、フランスは85・6歳。長引く財政の悪化で、年金が先細る不安も、これまた共通の悩みです。

日本では、日本年金機構から「ねんきん定期便」が送られてきて、将来受け取れるおおよその年金額を知ることができます。フランスでも同様で、55歳になると「年金シミュレーション通知」というものが送られてきます。フランスでは、これを機会に、今後の暮らし方を考えたり、終活を始める人が多いようです。

わずかな年金に加え、長引く物価高。老後の生活が不安になるのは日本もフランスも同じです。しかし、フランス、とくにパリに暮らすフランスの高齢女性たちからは、あまり悲壮感が感じられません。なぜでしょうか。

パリの女性たちは、強く、自立しています。結婚しても子どもを産んでも仕事をするのは当たり前。妻であり、母である前に、女性であるという意識が強く、経済的にも決して夫に寄りかかることはありません。高齢になり、夫が亡くなったりしても、子どもの世話になるよりは自由を選び、一人暮らしを続ける女性がとても多いのです。実際、一人暮らしの高齢女性は、65歳以上で約43%、80歳以上では6割を超えます。そして、その多くは自分の意志で一人暮らしを選んでいます。

彼女たちは、孤独にひきこもることなく、贅沢はできないまでも社会とかかわりながら愉快に生活するための「生活の知恵」を持っています。また、加齢による変化に抗うことなく、時の流れを受け入れて、自分らしさを大切に美しく老いていく姿は、潔く、まぶしく感じられます。

２０２５年には国民の４人に１人が後期高齢者（75歳以上）となる日本では、年をとったときに自分はどんな暮らしをしているのかと不安に思っている方が大勢いらっしゃることでしょう。社会制度や価値観、哲学や美意識など、フランスと日本とでは異なる点は多々ありますが、日本人もフランス人も、年をとっても自分らしく美しく生きたいし、孤独に陥ることなく自分なりの幸福を求めていることに違いはありません。

私はパリのオペラ座近くのエステティックサロンの責任者として20年間勤めました。エステティックは私の生きがいであり、たくさんの女性たちをこの手で美しくしてきたという自負があります。

また、ソシオ・エステティシャンとして、ボランティアで老人ホームやがん病棟に赴き、入居者やがん患者の方々に施術を施したこともあります。高齢になっても身なりをきちんと整え、社会とかかわっていこうとする姿、がん宣告により希望をなくしかけてもおしゃれをし、前を向いて生きていこうとする人たちに、何度勇気づけられたかわかりません。

この本では、私がフランスで出会った、素敵な高齢女性たち（カップルもふくめ）の暮らしぶりをご紹介しています。エステティックサロンの古くからのお客様もいますし、知人の紹介で知り合った人もいます。

みなさんそれぞれに自分のスタイルを持ち、おしゃれをし、毅然と生きておられる方たちです。彼女たちがなぜ素敵なのか、その秘密を知りたくて、何度かお宅を訪ね、取材を重ねました。ときにはランチやディナーをともにしながら。

本書を通じて、そんな彼女たちの体験談から、何か一つでも学び取り、今後の生き方を考えるきっかけとしていただければ幸いです。

フランスの素敵な女性たちから、美しい年齢の重ね方を学びましょう。そしていくつになっても社会に参加し続ける心意気を忘れずに、胸を張って生きていきましょう。

2023年3月　ゴダール敏恵

Contenu

70代からのパリジェンヌ・スタイル
フランス女性に学ぶ、幸せなシニア暮らし

Prologue

フランス女性たちの、美しく生きるための教え

・自分に自信を持ち、美しく見せる方法を知ること

・自分の意志で生きていくこと

・生きてきた道に誇りを持つこと

フランス大統領夫人に学ぶ、自分らしく生きる美しさ

２０２２年4月24日、エマニュエル・マクロン大統領が再選されました。６年前の大統領選初出馬時には、高校生時代の教師であり25歳近く年上のブリジット・マクロン夫人のこともマスコミに大きく取り上げられました。何度も結婚離婚を繰り返す自由恋愛の国フランスでは、男性が20〜30歳年下の女性と結婚することでは誰も驚きません。でもさすがにその逆は珍しく、他人のプライベートを尊重するフランスでも話題になりました。出会った当時、既婚で3人の子育て中であった彼女とその教え子の恋愛は、結婚前もその後も周囲の批判の目にさらされてきました。

１９５3年生まれの夫人は、２０２3年に70歳を迎えます。６年前の選挙活動時には、水着姿で週刊誌の表紙を飾ったほど、そのスタイルのよさは有名です。

ドレスコードのある特別な公式行事以外では、いつもひざ上丈のスカートかスリムジーンズにピンヒールを履きこなし、自信のあるボディラインが際立つファッションに身を包んでいます。夏の休暇中には、ショートパンツで自転車に乗る姿も披露しています。お気に入りのブランドはルイ・ヴィトン。フランスのファッションリーダーの一人として、彼女の装いはたびたび女性誌を賑わせています。

夫の年齢に合わせて若づくりするのでもなく、夫より前に出すぎないように慎み深くふるまうでもなく、小柄なマクロン大統領の横でピンヒールを履いて肩を並べ、まっすぐ前を向く彼女の姿は、フランス女性から称賛を浴びています。

50歳を過ぎたら、ひざを出してはいけないとか、デコルテの目立つ服を着てはいけないとか、誰が決めたのでしょうか？　美脚に自信のある人が、ショートパンツやミニスカートをはいて自分をより魅力的に見せるのは、いけないことなのでしょうか？　バストラインがきれいな人が、デコルテが目を引くドレスを着たり、シャツのボタンを一つ多めに外したりして自分の美しさを表現するのは、はしたないことなのでしょうか？

黒髪がきれいな若い女性が、自慢のロングヘアをなびかせるのと同じです。ただし、忘れてはいけないのは、若い時は自然のままの美しさだけで十分でしたが、年齢を重ねるにつれて努力が必要になってくるということです。マクロン夫人は、プラチナブロンドの髪やほどよく日焼けした肌のお手入れ、スリムなボディラインを保つために並々ならぬ努力をされていることでしょう。

私のアパルトマンの上階から時折ハイヒールで歩き回る音がカツカツ響いてきます。ご存じのように、フランスは室内でも土足です。帰宅後はスリッパに履き替えるご家庭もありますが、基本的には靴を履いたまま。物音が階下に響かないようにと、床に絨毯を敷きつめることもできますが、近年はフローリングが人気のため、靴音が響きやすくなっています。上階のマダムは、普段の外出と同様に一日中パンプスを履いて過ごしているようです。

私は、新型コロナウイルスの流行後、できるだけ地下鉄に乗るのを避けて徒歩で移動するために、スニーカーを履くようになりました。そのせいか、たまにハイヒールで外出するとふくらはぎが筋肉痛になってしまいます。とてもフランス女性のようにはなれません。

パンプスを履くと、背筋がピンと伸びてスタイルがよく見え、洋服もきれいに着こなせるので、気分がいいものです。でも、60代、70代になってからもそうあり続けるのは容易なことではないと想像できます。にもかかわらず、フランスのマダムはいくつになっても特別な外出時にはドレスアップをしてパンプスを履き続けている方をよく見かけます。

帰宅後や休日にスウェットの上下で過ごす習慣もありません。自宅でも外出時でも同じような服装です。パリに来たばかりの頃に住んでいたアパルトマンで、同じ建物に住んでいた大家さん（70歳代男性）は、週末もネクタイを締めてジャケットを着て、新聞とパンを買いに行かれていました。これも長年の習慣なのでしょう。

«La beauté commence au moment où vous décidez d'être vous-même.»　Coco Chanel

あなたがあなたらしくいると決めた時から、美しさは始まるのです。

ココ・シャネル

これは、私が好きなココ・シャネルの言葉です。

「あなたらしく」とは、どんな私なのでしょうか。

私たちは日頃、職場でもプライベートでも自分に与えられた社会的役割を果たしています。職場で重要な役職に就いている人は、その責任が生活の中で大きな比重を占めていることでしょう。それに加えて、妻であり、もしくは母親でもあり、家庭での役割を担っている女性もいます。そしてあなたは、恋人や友人にとっての大切な誰かに違いありません。それらすべてかもしれません。いつも周囲の期待に応えるように、周囲から評価されるように精一杯努力していることでしょう。

でも、それらの役割から解放された素顔のあなたは、どんな女性なのでしょう。

「あなたらしくいる」ということは、何もしないことではありません。

他人の目に映る自分や、他人から気に入られる自分ではなく、ありのままの自分を想像してみてください。自分で自分に向き合い、自分はどんな女性なのか、自分はどうありたいの

パリジェンヌたちのファッションリーダーの一人でもある、ブリジット・マクロン大統領夫人。70歳を迎え、さらに美しさに磨きをかけている

photo by Aurelien Meunier/Getty Images

か、まだ隠れている本来の自分の魅力を引き出してみましょう。

美しくあるとは、年齢や流行、周囲の目に惑わされて、無理することではないとシャネルは教えてくれているのです。

マクロン夫人のように、自分の好みや気分に合うものを身に着けて、ありのままの自分に自信をもって生きている女性は、誰の目にも美しく映るのです。

自分を美しく見せる術を知る

私は、エステティシャンとしてこれまで多くのフランス女性を見てきました。

彼女たちは、自分をきれいに見せる方法を知っています。髪の色、目の色、フェイスライン、体型。自分のありのままを受け入れて、自分をより素敵に見せるには何を着ればいいか、どんなスタイルにすればいいかを考えています。自分はこれが似合うから着る。それが、その人らしさを形作っているのです。家でくつろいでいるときも、パートナーの視線を意識して、常に自分をきれいに見せることを忘れません。その美意識の高さはすごいなと思います。

フランス女性はまた、いい意味でも悪い意味でも強い。自己顕示欲も自己主張も強く、性格もきついです。そのぶん打たれ強く、自立心も強い。

結婚しても子どもを産んでも、仕事をするのは当たり前で、夫に頼るのではなく経済的に自立しています。だからこそ、結婚しても愛情がなくなればあっさり離婚してしまう。お金のためにがまんして結婚生活を続けることはしません。離婚後、再婚する人もいれば、事実婚のまま籍を入れない人もいるし、結婚しないままの人もいます。選択の基準は常に「自分がどうしたいか」。高齢で一人になっても、誰にも頼らず自分の意志で生きていく。その強さは尊敬に値します。

「連帯」、「共存」そして「ソーシャル　インクルージョン」（社会的包摂）

パリでは、街なかで高齢者をよく見かけます。元気なお年寄りだけでなく、杖をつきなががら、付き添い者に伴われながら外出する方もめずらしくありません。足をゆっくりと一歩一歩慎重に進めながら自分の脚で歩いていらっしゃいます。

障がいのある方にもよくすれ違います。日本に住んでいた頃は、これほどまでに障がいのある方を身近に感じることはありませんでした。盲導犬を連れて地下鉄で通学する若者。電動の車椅子で市バスを利用して通勤する男性。障がいのあるお子さんを伴って新幹線でヴァカンスに出かける家族連れ。

誰もが会場に出向くことができ、生の公演を目にし、皆で感動を共有できるように車椅子用の席を設け、身体や精神に障がいのある人とその同伴者向けに50%割引を提供している劇場もあります。

妊婦もよく見かけます。女性一人当たりの出産数がヨーロッパ1位を誇っているうえに、男女平等、夫婦共働きが前提のフランス社会では、その是非はともかく産休直前まで働き続ける女性も多く、周囲もそれを当然のこととして受け入れています。ベビーカーで公共の交通機関を利用する女性もたくさん見かけますし、階段や乗降口付近では、通りがかりの乗降客がすすんで手を貸しています。

パリは、自立した利己主義の裕福な人たちだけのためではなく、手助けを必要とする人たちも、生き生きと暮らせる街に移り変わろうとしています。国外から移民を受け入れて人種のるつぼと化しながらも発展を遂げてきたように、さまざまな状況の人々が隔たりなく社会参加できる街を目指しているのです。

これは日本でもぜひ見習ってほしいことだと思います。

日本では、高齢者は肩身が狭く、とくに50代、60代にさしかかった女性は、「あとどのくらい一人の女性として見てもらえるのだろう。いつまで社会の一員として胸を張って生きていけるのだろう」という思いが頭をよぎることもあるのではないでしょうか。社会の隅に追いやられて、まるで厄介者や醜いもののように扱われたりしないのだろうかと不安になっている人もいるかもしれません。

しかし、社会とのバリアを作ろうとしているのは、あなたの年齢ではなくて、あなた自身かもしれません。

老化は自然の摂理。止めることはできません。でも、自分が子どもの頃に想像していた50代60代の女性と比べてみると、私たちは健康に恵まれ、緩やかに老いていきます。しかもフランス人女性に比べると、日本人女性の外見は実年齢よりも若く、動作もイキイキしています。この先は、杖をついてでも社会に参加し続ける心意気を忘れずに、美しく年齢を重ねていきましょう。

ボランティアでソシオ・エステティック活動をしていた老人ホーム

高齢者が最期まで美しく、尊厳を持って生きられる社会

私は、パリから電車で1時間くらいのところにある公立の要介護高齢者施設でボランティア団体の一員としてソシオ・エステティシャンの活動をしていたことがあります。ソシオ・エステティシャンとは、精神的・肉体的・社会的な困難を抱えている人に対し、医療機関や社会福祉施設の専門家チームと協力しながら、医療や福祉の知識に基づいてケアを行うエステティシャンのことです。日本ではあまりなじみがないかもしれませんが、高齢化が進むフランスでは30年ほど前から少しずつ需要が拡大し、容易に外出ができない高齢者のために、ソシオ・エステティシャンが施設や自宅に出向くサービスが一般化してきました。

私がボランティア活動をしていた施設では、改装の際にビューティーサロンを設置していました。週に2回、美容師が来てくれるのですが、毎週予約はいっぱいです。ビューティーサロンの横には、小さいながら日用品の売店もあり、入居者は自由に買い物を楽しむことができます。ここでは、老人ホーム内で一つの社会が形成されており、エステティシャンも美容師もいるのが当たり前なのだと感じます。

金曜日の午後には、キリスト教徒のために施設内のチャペルでミサが執り行われます。毎回、ボランティア団体のメンバーが参列希望者の手を引いたり、車椅子を押したりしながら、上階のチャペルまで誘導しています。入居者だけでなく、近隣の住人もミサに参列することができます。

そのほかにも毎年恒例のバザーを開催して、入居者やその家族、地域住民との交流をはかってきましたが、今後は施設内の中庭やレクリエーションルームでコンサートやイベントを企画して、さらに地域社会との隔たりをなくしていこうとしています。老人ホームは、社会生活から除外された高齢者の終の棲家ではなく、町の一部として存在していくことを目指しているためです。そして地域住民は、入居者120名一人ひとりの最期を温かく見守っているのです。

老人ホームは現代の姥捨て山などと揶揄されることもありますが、ここは高齢者が安心して暮らせるための町の中の共同体なのです。

高齢者一人ひとりが充実した老後を迎え、最期まで尊厳のある生活を送り続けることができるようにフランス政府もさまざまな取り組みをしています。

100歳を超えてもエステで身ぎれいにする老人ホームの方たち

ソシオ・エステティシャンとして老人ホームを訪れ、さまざまな入居者に出会いました。

最初にご予約いただいた方は、80歳のマダムでした。娘さんが予約をしてくださったのです。体が不自由になって施設に入る前は、ご自分でエステに通っていらしたそう。

「エステティシャンにマッサージしていただくのは、10年ぶりくらい。気持ちよかったわ」

と大変喜んでいただきました。

車椅子でお部屋まで戻る途中、

「若返って別人みたいですね」

「さらにおきれいになりましたね」

すれ違う職員さんが立ち止まって、温かいお声をかけてくださいます。

老人ホームの入居者さんにハンドマッサージを施す。手にはエネルギーを伝える力がある

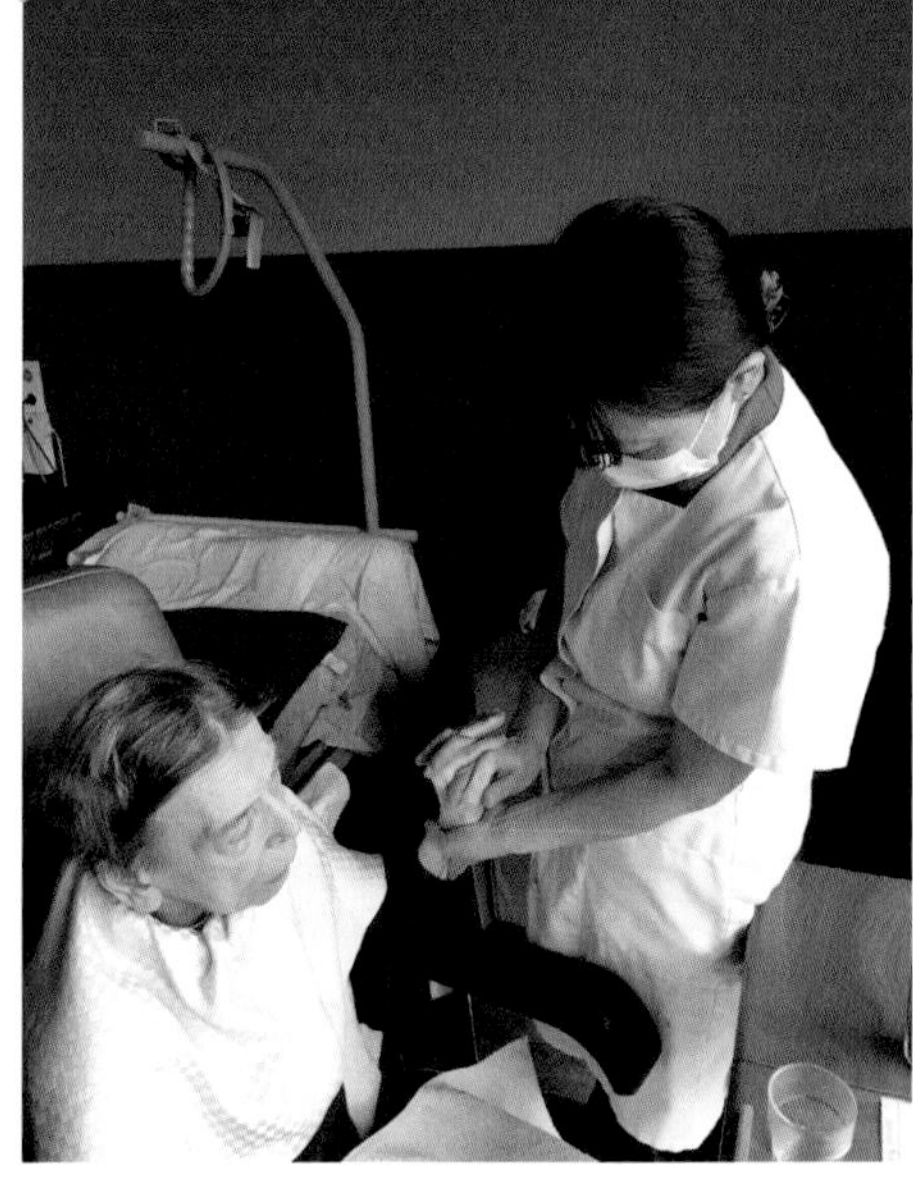

ホームの庭で入居者さんたちと一緒に。老人ホームは地域と一体になっている

施設内とはいえ、ビューティーサロンに出向くことはちょっとした外出のようなもの。足のご不自由な高齢者を自室に閉じこもりきりにさせないためにも役立っています。

マダムＡ（97歳）マダムＢ（95歳）姉妹はお互いに配偶者に先立たれ、今ではお隣同士のお部屋です。いつも二人ご一緒に行動していらっしゃるので、サロンにもそろってお越しくださいました。

お二人とも一度もエステティックサロンに行ったことがないばかりか、お化粧もしたことがないとのこと。口紅の色をピンク系にしようかオレンジ系にしようか、それとも赤にしようか迷ったあげく、マダムＢがピンク色にすると、マダムＡはオレンジ色を選びました。それぞれご自分の顔を鏡でじっくりご覧になっている様子は微笑ましく、私は自分が生まれて初めてこっそり母の口紅を試したときのことを思い出しました。なんだか急に大人になった気分だったのを覚えていますが、お二人はどんな気分だったのでしょう。

歩行器を押しながら歩いてサロンにいらした男性は、こうおっしゃいました。

「いまさら手入れしても仕方ないとは思うけれど、鏡に映った自分を見て醜いと感じるようになってきたので、１００歳にして生まれて初めてエステを試しに来ました」

エステの最中は、お孫さんやひ孫さんのことを楽しくお話しくださいました。最後に頭髪を櫛で簡単に整えて、シャツの襟をきちんと折り返して差し上げると、きりっとした表情になられます。

敬虔なクリスチャンで、その後は毎回ミサの前にサロンに足を運び、身だしなみを整えてからミサに参列されるようになりました。

101歳のお誕生日が間近に迫ったある日、散髪もすませていらしたので、

「今日はまた一段と男前ですね。お出かけのご予定ですか」

と問いかけると

「長い長い旅への出発がもう目の前まで来ているから、あちらでみなさんにお会いしても恥ずかしくないように、準備しているのですよ」

とお答えが返ってきました。

片手が不自由なことを除けば、身の周りの事も自分でなされるし、まだまだ十分お元気なのにと意外に感じましたが、彼はすでにあちらの世界に思いを馳せていらっしゃるのです。「もうどうせこの先長くないのだから」と投げやりに考えるのではなく、「そろそろあちらへの旅立ちの用意をしている」という心情に触れ、最期を迎えるその時まで、ソシオ・エステティシャンとして少しでもお役に立てていることをうれしく思いました。

また別の男性は、ある日私が居室に迎えに行くと、エステを受ける準備ということで看護師に髭をそってもらっている最中でした。一旦社会の第一線から退き、施設に入居して社交の機会がなくなると、どうしても身だしなみに気をつかわなくなってしまいますが、無精髭を生やしたままでは、面会にいらしたご家族にもだらしない印象を与えてしまいます。エステのために髭をそるという行為自体がもうすでに、ご自分の外見への関心や社会性を取り戻すことに役立っています。

マニキュアをさせていただいた87歳の女性は、パステルピンクのマニキュアを選び、最後の一本を塗り終わると、突然ソワソワし始め

「早く戻って、夫にこの手を見てもらわなくちゃ」

とまるで恋する乙女のような微笑みをうかべられました。

ご主人様はもうお亡くなりになっています。息子さんと混同されていらっしゃるのでしょう。いくつになっても長年連れ添った配偶者を想う気持ちが微笑ましく、生前はさぞかし夫婦仲睦まじかったのだろうと羨ましく思いました。

パリで働き始めたころは、言葉のハンディを恨めしく思ったものでしたが、経験を重ねる

につれて、言葉はスキンシップやジェスチャー、アイコンタクトなど数あるコミュニケーションの手段の一つに過ぎないのだと感じるようになってきました。どれほど言葉巧みでも、相手の心に届かなければ何の意味もありません。逆に、たとえ相手が耳の聞こえない、目の見えない、または口のきけないような限られたコミュニケーション手段しかない状態だったとしても、手と手の触れあいや肌に触れることで心を通わせたり、思いやりを伝えたりすることができるのです。

どれほど健康に気を配っていても、身体は年老いていき、視力や聴力等も衰えて人生の終焉にさしかかっていることを意識せずにはいられませんが、ソシオ・エステティシャンの手により心地よく刺激され、きれいになった自分の姿を鏡越しに目にすることで

「自分は生きている、まだ人生は終わっていない」

と、生きる励みにしていただけると確信しています。

自分の生きてきた道に誇りを持つ

本書を執筆するにあたって、私はフランスに住んでいる間に出会った素敵な高齢のパリジェンヌたちに取材をさせていただきました。あらためてお話を聞くと知らないことばかりで、

それぞれに波乱万丈の人生を送っておられ、「そんなことまで?」と思うようなプライベートなことまで話してくださいました。自分の生きてきた道に誇りを持っているのでしょう。

フランス人の美意識の高さ、自己主張の強さには、時に辟易することもありますが、いつまでも自分らしく美しく、凛として生きる姿からは清々しさを感じます。日本とフランスで事情は違えども、終活や老後の暮らしに頭を悩ませたり、家族との距離の取り方に悩んだり、共通することも多々あります。

次章からご紹介する高齢のフランス女性たちの生き方を、日本人のみなさんもぜひ参考にしていただきたいと思います。

Colonne 1

自分の顔に責任を持つために、拡大鏡と向き合う勇気を持つ

現実から目をそらし続けていた

年々、美容院でライトに照らされて鏡に映った自分と向き合うのがつらくなってきました。明らかに自分の顔が老け、メイクも雑になっているのを実感するからです。

自分が若いころは、エステサロンにご来店くださるような美意識の高い女性たちでさえ、ファンデーションがムラになっていたり、まつ毛の生え際からかなりずれたところにアイラインが引かれていたり、口紅がはみ出していたりするのを見かけると、

「こんなにいい加減なメイクで人前に出て恥ずかしくないのかしら？」

「年齢を重ねると、もう外見なんてどうでもいいのかしら？」

などと失礼なことを思っていたものでしたが、私も年々そうなる理由がわかるようになってきました。

決して手を抜いているわけではない

のです。視力が衰えて、自分の顔もメイクの仕上がりも細部までよく見えなくなっているのです。

拡大鏡で自分の顔を総点検

そう気づいて以来、拡大鏡のお世話になっています。私は、年齢相応のシワやシミは仕方ないと覚悟していますが、バスルームの照明の下で初めて拡大鏡に映った自分の顔を見たときのショックといったら！

小鼻の周りに密集した産毛やほくろに生えた黒い毛、鼻毛1本1本までしっかりと見えます。小鼻の横を親指と人差し指でつまむと、白い皮脂が押し出されてきました。こんなに不潔な肌をしているなんて……（もちろん、これらはすべて10倍拡大鏡のせいなのであって、誰にもこんなふうには見えてはいないから大丈夫だと、気を取り直しました）。

拡大鏡の中の年齢を重ねた自分と向き合うのは勇気のいることですが、いざ使ってみると、ファンデーションの厚塗りやムラがなくなり、これまでよりも洗練されたアイメイクができ、口紅を塗った口元もきりりと引き締まって、昨日までよりもあか抜けた顔になること間違いなしです。10倍とまではいかなくても、5〜7倍くらいの拡大鏡を使って身だしなみを整えてみましょう。もう美容院の鏡なんて、怖くなくなりますよ。

Chapitre 1

Brigitte Lebon

「悪いことが続く日は、もう何も
しないと決めて次の日を待つの。
翌日はまた、新たな始まりだから」

―

ブリジット・ルボンさん
1948年生まれ 74歳

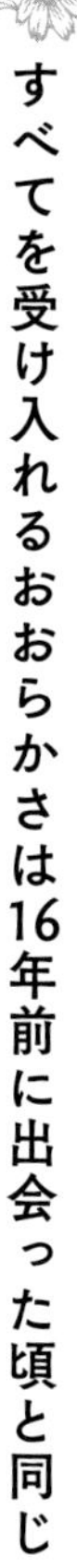

すべてを受け入れるおおらかさは16年前に出会った頃と同じ

ひさしぶりにブリジット宅を訪れる。

オートロックの玄関のドアノブに鍵を引っかけておく彼女の習慣は今も変わっていない。

9階にある彼女のアパルトマンの居間からは、パリの屋根を見渡すことができる。


16年前の冬、私はこの景色を眺めながら、「きっとこの屋根の下のどこかに私のためのアパルトマンがあるはず」と自分に言い聞かせていた。

そんな私の気持ちを察してか、

「ゆっくり探せばいいからね。私は迷惑していないから、焦らなくてもいいわよ」

とやさしい言葉をかけてくれた。


当時、私は3年間住んだアパルトマンを退去する日が目前に迫っても、次の住居が見つけられずに不安な日々を過ごしていた。

探しても探しても、一歩足を踏み入れた瞬間に「ここに住みたい」と感じる部屋に巡り合えずにいたそんなとき、以前友人が間借りをしていたブリジットのことを思い出して電話を

かけてみた。

彼女はもう学生に部屋を貸すのはやめ、アパルトマンを独り占めして静かに暮らしていた。

でも、私の切羽詰まった状況を理解して、一瞬の迷いもなく了解してくれた。


金曜日の夜仕事を終えてから、大きなスーツケース2つと旅行鞄を引きずりながらやってきた私に鍵を渡すと、彼女はさっさとノルマンディの田舎の家に出かけて行った。初対面の私を一人残して行ってしまうなんて、無防備すぎないかしらと思ったものだ。家財道具一式とまではいかなくても、私が彼女の大切にしているものを持ち出して姿をくらましてしまうとは疑わなかったのだろうか？

自由を求めてパリへ。仕事に恵まれ頭角を現す

ブリジットはフランス北西部ノルマンディ地方の小さな田舎町で育った。私立校に通い、勉学に励み、法律の学士号を取得した。

「男の子に生まれればよかったと思ったものよ。当時は女の子に自由がなかったから」

田舎では、女の子の行動は見張られているようで窮屈に感じていた。周囲から悪い評判が

立たないようにと常に気にしていなければならない。そんなところは日本と同じだ。

22歳の時にパリに上京する。知り合いもなく、就職のツテもない彼女は、公務員試験をパスし社会人の一歩を踏み出す。

「私は成功を望み、野心を抱いて都会に出てきたわけではないの。公務員の給与は民間企業よりも少なくて、希望者が少なかったから受けてみただけ」

言葉とはうらはらに、彼女は仕事で頭角を現した。利発で目端の利く彼女は財務省に配属され、大臣とその選挙区の間を取り持つことになる。

「興味の持てる業務を割り当てられてとても運がよかった。公務員になったのは正解だったと思う」

職場では、たとえ相手が上司でも自分の意見をはっきりと発言することができる。同僚と共同作業を任された際に、相手の能力に疑問を持ち、別の誰かに変えてもらったこともある。公務員は、上司の指示に従わないからといって解雇される心配は一切ないため、自分の意思を曲げる必要はない。ただし、政治的な見解だけは御法度。政権交代のたびに右派から左派、左派から右派、中道派と政治信条の異なる大臣に仕えるため、公務員は職場では中立の立場で業務を遂行しなければならない。

見晴らしのいいリビング。
テーブルには彼女の愛読書
（マーライの『灼熱』）とコ
ーヒーが置かれる

「私ははっきりとノーを言える性格なの」

でももしそれで人間関係にしこりが残り業務に支障が出てきたら、配置転換を希望できる。田舎で周囲の目を気にしながら育ってきたブリジットは、自分の意見を主張できる職場が気に入り、どんどん仕事にのめり込んでいくことになる。

恋多き人生

「たくさん恋愛したわ。当時はフリーセックスの風潮だったから、その場かぎりのアヴァンチュールもずいぶんと経験した。パリに来たばかりの頃は、思い切り楽しんでいたわ。そういう時代だったのよ」

「結婚はしたの？」

「ずっと独身よ。子どももいないわ。2回妊娠したけど2回とも堕ろしたの」

ブリジットの両親は、彼女の子どもの頃に離婚している。まだ離婚が珍しかった時代のことだ。両親の離婚は、ブリジットたち三姉妹の心に深い傷を残し、後々まで影響を与えた。三姉妹はみな、一度も結婚していない。

「5年以上続いた真剣な恋愛も3度あったわ。そして妊娠もしたけど、どうしても子どもを産む気になれなかったの」

幼い頃のトラウマから、子どもを産み育てるには両親が揃っていることが絶対条件だと決めていた彼女。それぞれの恋愛相手との間に安定した家庭を築けそうになかったことが原因だという。

「のちに後悔することになるかもしれない決断だったけど……」

4歳下の妹は、40歳で一人息子を出産したけれど、息子の父親との関係は長続きしなかっ

た。もう一人の妹はすでに他界している。

65歳で後ろ髪を引かれつつ退職

「職業人生では、いい思い出しか残っていない」とブリジット。

そうはいっても、彼女の職場はときには9時、10時、夜遅くまで働くほどのハードワーク。しかしながら、同僚も皆、業務に追われているからこそ、つまらない言い争いやもめごとにとらわれることなく良好な人間関係の中で気分良く働くことができた。

60歳になり定年を迎えたが、まだまだ辞める気にはなれなかったので、65歳まで働き続けた。

そして最後には、税関業務を経験した。国家の承認のもとで、関連省庁と連携して戦闘機の輸出入に関わった。

さらに、65歳になっても彼女の労働意欲は衰えず、更なる延長を希望した。しかし、当時公務員は65歳以降の労働は認められなかったので仕方なくリタイアした。

現役時代の同僚とは今でも連絡を取り合っている。

ノルマンディの家を売り、パリに定住することを決意

私の知っている現役時代のブリジットは、月曜日から金曜日まで、毎朝早起きして出勤し、金曜の夜は車を運転してノルマンディの家に行く。

週末を田舎で過ごして、日曜日の夜にパリに戻ってくるという、まさにパリに住むフランス人が夢に見るような生活を送っていた。

「ノルマンディの家は、祖父母から受け継いだの」

元々は農地だったから4ヘクタールの広さがあり、周囲には家もなく、豊かな自然と静寂に包まれて、ブリジットにとってのんびりと心を癒やすことができる場所だ。

「でも、退屈しないの?」

「古い家だから、いつも何かが壊れてるのよ。戸が締まりにくかったり、電気がつかなかったりね。それらを自分で修理するうちに、いつのまにかＤＩＹが趣味になってしまったわ。だから時間が足りないくらいで、退屈する暇なんてないわよ」

彼女にとって、パリは働く場所、ノルマンディは家族と過ごす時間。

甥っ子が思春期を迎えるまでは、毎週末、妹と3人で出かけていた。

その家も、2年前に売却したという。

妹と二人でじっくり考え抜いて出した決断だ。

「残念だけれど、でも正しい選択だったと思う」

「最初は、パリから近いところに、もっと小さい家を買い替えるつもりだったの。妹は海が好きで、私は山のほうが好き。甥っ子は、いつも仕事に追われているからパリの近くを希望。週末に遠くまで足を運ぶ時間は取れないから」

「何軒も何軒も売家を見るために足を運んだのよ。でも、あるとき気づいたの。私たちは無意識のうちに、私たちの元の家と同じようなものを探していることにね」

そう気づいた途端に、これ以上家探しをするのはやめて、老後はパリに落ち着くと決心した。

本心では、田舎の家を思い出して落ち込んだりしないか、とても不安だったブリジット。

「でも、不思議なことに、ぜんぜん大丈夫なのよ。後悔はしていないわ。だってパリでは毎日が刺激的で退屈する暇なんてないから」

ノルマンディの家には家族に代々受け継がれてきた家具や食器、思い出の品々があったはず。いくつかは、パリのアパルトマンに持ってきたのだろうか。

「何も残していない。全く関心ないもの。年齢を重ねるにつれて、物に対する執着心がどんどん薄れてきたのよ。物欲とか購買欲から解放されて、自由になった気分よ」

と晴れ晴れとした顔で話す。

浪費もしないし、ショッピングも好きではない。お金は貯金することにしているという。

「長くパリに住んでも、もともとの田舎者気質が残っているのかもしれないわね」

ちなみに、1か月の生活費はどれくらいかかっているのだろうか。

「この住居はパリの不動産価格が高騰する前に預金と住宅ローンで購入したの。今はローンも終わって、レストラン代や特別な外出費抜きな

ら、1000〜1200ユーロ（約14万0000円〜16万8000円・1ユーロ140円で換算）で十分足りるわね」

内訳は、住居の管理費300ユーロ、任意加入の健康保険料180ユーロ、その他電気代、食費など。

自由を求めて上京してきたブリジットだが、心の中ではノルマンディの田舎で過ごした少女時代の慎み深さや、田舎に住む人々の心のあたたかさを今でも持っている。だから、16年前、初対面の私を疑いもせずに迎え入れてくれたのだろう。

もう海外旅行には興味はない

以前は、毎年少なくとも3週間、エジプト、モロッコ、チュニジア、トルコ、タイ、ミャンマーなどへと旅行していたそうだ。

友人たちとリュックを背負い、各国の公共交通機関を利用して現地の生活を体験できるような旅をして回った。

自由きままに行動することが好きだから、パック旅行は一度もしたことがない。

1992年に甥っ子が生まれると、全ての休暇は彼のベビーシッターのために費やすようになった。甥っ子が大きくなってからは、キャンピングカーを運転して妹と甥の3人でアメリカを周遊した。

日本にも3人で、東京、京都、広島、長崎そして沖縄まで旅行した。

「日本に着いた途端、別世界に来たと思ったわ。同じ地球上とは思えないくらいにね」

日本人の他人への心遣いや街の清潔さに驚く。旅先で出会った日本人や、生活スタイル、そして日本独特の雰囲気のおかげで、パリでの日常生活から一瞬にして解放されて、すっかり気分転換できた。

「これがまさに旅の醍醐味よね」

「日本人は礼儀正しく、日本は安全でたちまち好きになったわ。でも私の性格では、働くのは無理そうね」

「どんな性格なの？」

「若い頃は、牛乳を火にかけるとすぐに鍋からあふれるでしょ。そんな感じだったわ。年齢と共に落ち着いたけど」

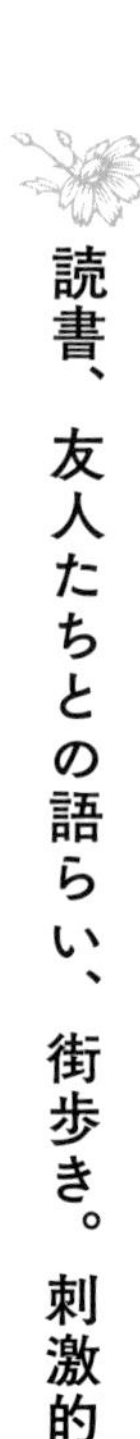

読書、友人たちとの語らい、街歩き。刺激的なパリの生活を楽しむ

毎朝、ブリジットは5〜6時に目覚める。

そして、9時まで、少なくとも毎日3時間は読書にあてている。

近所の図書館で、毎回小説を5冊借りる。それ以上だと持って帰るのが重すぎるからという理由だ。

面白そうな本を選ぶけれど、5冊中最後まで読むのは3冊くらい。

子どもの頃から読書が趣味。今は読書にかける時間がたっぷりあり満足している。

10日おきに、13区の中華街で友人たちと昼食をとる。

自宅から1時間半かけて歩いて行き、食後も徒歩で帰宅する。

リタイア後は、地下鉄に乗らないと決め、できるだけ歩いて出かけるようにしているそうだ。

思えば、現役の頃は朝夕地下鉄で通勤し、毎日モグラのような生活だった。週末はノルマンディで過ごしていたので、顔を上げてパリの街中を見たことがなかった。

古い街並み、公園や広場。風変わりなファッションを楽しむ若者たち。道端で歌ったり踊ったりしているアーティスト……。今になってパリの素晴らしさを発見しているという。

「私はパリが好き。パリを離れて田舎に住みつく人が増えてきたけれど、きっと後悔することになると思うわ」

自宅近くのモンソー公園を散歩する。10キロくらいは歩くそう

毎日3時間は読書にあてているという、読書家のブリジット

自宅のある建物の住人組合の役員を引き受け、毎週2〜3回は会議に出席している。全12階の古い建物は、地下駐車場の水漏れやエレベーター扉の修繕、常にメンテナンスが発生する。それに素早く対応しなければならないのは煩わしくもあり、やりがいでもある。

ブリジットを頼りにしている甥っ子からも、頻繁に彼の住居の修理を頼まれる。ＤＩＹが得意な彼女は、彼の役に立てて嬉しいと笑う。

「組合の仕事をするようになってから、これまで一言も交わしたことのなかった別の階の住人とも顔見知りになり、隣人との繋がりができたのは思いがけず良い結果だったわ」

妹、甥っ子とつかず離れずの関係が心地よい

私が同居していた頃、彼女の冷蔵庫はいつもほぼ空っぽだった。家ではせいぜいヨーグルトかビスケットくらいしか食べていなかった。料理は得意ではなさそうだ。

「ランチは、職場の食堂で前菜、メイン、デザートまでしっかり食べるから、夜は控え目にしていたのよ。でも、週末、ノルマンディでは料理していたのよ」

「今はどうしてるの？」

「リタイア後は、必要に迫られて料理しているわ」

健康のために塩辛いもの、脂っこいもの、そして甘すぎるものは食べないことにしている。週1回、2〜3種類の料理と2〜3種類のスープを一日がかりで調理する。自分の分だけでなく、妹、甥っ子と彼のパートナーの分まで4人分作る。

「私の作った料理はあまり美味しくないの。塩分控えめだから。でも、新鮮な食材を使い、保存料や化学調味料は一切加えていないので健康にはいいわよ。味だって冷凍食品やレトルト食品を食べるよりは、マシだと思う」

自分一人のためだったら料理はしないけれど、家族のために栄養バランスの取れた食事をするなら、手作りすることは重要だと考えて実践している。

「毎日皆で一緒に食事するの？」

「別々よ。二人とも歩いて10〜15分くらいのところに住んでいるから、それぞれが自分の分をとりにくるの。でも、2週間に1回くらいは、一緒に食事することもあるわね」

「三人家族で、ブリジットは妹さんと甥っ子二人のお母さんみたいね」

「ふふふ、そんな感じね」

「老後は妹さんと一緒に住もうとは思わないの？」

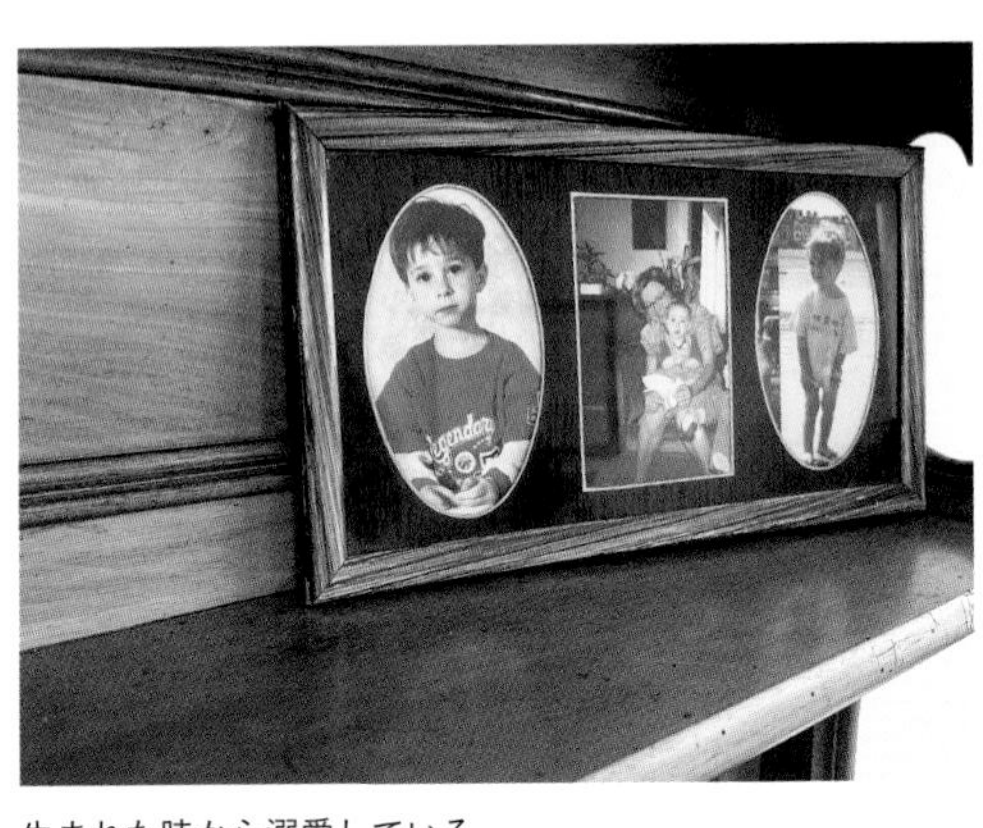

生まれた時から溺愛している
甥っ子。幼い頃の写真を今で
もリビングに飾っている

「ありえないわ。彼女は人の上に立つのが好きだから一緒に住んだら支配されそうだもの。私の自由がなくなってしまうわ」

二人とも性格は異なっても、それぞれ独立心が強い。でも、助けが必要な時には必ず頼りにすることができる。そんな姉妹が近所に住んでいるのはどれほどこころ強いことだろう。

私は日本に、それぞれ3歳違いの姉と妹がいるが、遠く離れて暮らしているので、ブリジット姉妹の関係を羨ましく思う。

できるだけ不幸な思いをしないように生きることが人生の目的

「人生に悔いはないわ。2回も中絶しているのだから、その後悔を引きずることもありえたかもしれないけど……。私は、配偶者がいなくても、一人暮らしでも、うまくやっていける性格なところが幸運だったと思う」

と言い切るブリジット。

「人生はいろんな見方があると思う。私は、人生の目的は、できるだけ不幸な思いをしないように生きることだと思うの」

「できるだけ幸せになることではなくて？」

「あまりたくさんのことを期待しすぎてはいけないのよ。要求が高すぎると簡単には満たされないから悲観的になる。私はあまり要求がないから今の人生に満足できるのね。ぐっすり眠れて気分がいいとか、お天気がいいとかそんな小さなことに喜びを感じるのよ。

冬の晴れた日には、この居間のテラスから陽が昇るのが見えるの。それだけで私は十分に幸せよ」

いつも上ばかり見ていて現状に満足することができないばかりか、足りないものを並べ立てて不幸な気持ちになってしまう私とは大違いだ。

「考え方を変えてごらんなさい。あなたの周りに、もうすでに楽しいことや素敵なことはたくさんあるのだから。朝起きて、ベッドサイドでつまずいて膝をぶつけてしまったり、コーヒーカップを床に落として割ってしまったり、悪いことが重なる日もあるけれど、そういう日は、今日はもう何もしないと決めて、次の日になるのを待つのよ。翌日はまた新たな始まりだから」

ブリジットの言うように、こんなふうに考え方を変えるだけで、明日は今日よりよい日になるような気がしてきた。

彼女は、結局一人も子どもを産まなかったけれど、我が子のように愛おしく思える甥っ子の存在がある。彼の成長をずっと見守ることができた。

「愛情を注ぎ続けることができる相手がいることは、なんて幸せなのでしょう。私は、本当に恵まれているわね」

「自由」「幸運」という言葉を何度も口にするブリジットと話していると、私まで気分が明るくなる。

でも、自由は自分で手に入れたもの。幸運も、自分の置かれた状況をポジティブに捉えなければ、取り逃してしまうもの。恋愛も仕事も、そして甥っ子の子育ても、自分の意志で選んで、精一杯生きてきたからこそ、「人生に悔いなし」と言いきれるのだろう。

幸せの形は自分でつくる

インタビューを終えて、私はフランス人家庭の多様性について考えるようになった。

私は、両親と姉一人妹一人のごく一般的な家庭で育ったが、フランスではシングルマザー、ファーザーや結婚、離婚、子連れ再婚によるステップファミリーも数多く存在している。その上、2013年には同性間の結婚が合法的となり、母親二人と子ども、父親二人と子どもで構成される家庭も認知されるようになった。

フランス社会の中で家族の形は進化している。

今回、お話を伺ったブリジットさんは、刺激的なパリで気ままな一人暮らしを送りながら、妹とその息子とで三人家族を形成し、お互いつかず離れずの心地よい関係を楽しんでいる。愛情を注ぎ続けることができる相手さえいれば、家族のような関係を構築できるということを教わった。

幸せの形は、自分で作るものなのだ。

Chapitre 2

Marielle. K

「私の体は病気に蝕まれてしまった。
でもね、私のエスプリや知性はまだ無傷。
だから、これからも生きていけるの」

—

マリエル・Kさん
1941年生まれ 81歳

がんの闘病を乗り越え、こだわりぬいた住まいに暮らす

パリ、リピュブリック広場。

リピュブリックとは共和国を意味し、リピュブリック広場はフランスの正式名称である「フランス共和国」を象徴する広場だ。その中央には、フランスを擬人化したといわれるマリアンヌ像が鎮座している。

パリ市民が政権への不満を表明してデモ行進をする際、いつも集合場所になるのが、この広場。周囲にはカフェやレストランが軒を連ね、若者であふれかえる賑やかな地区だ。

マリエルのお住まいはこの近くにある。

彼女は、私が最近まで勤務していたエステティックサロンのお客様だ。最後にお会いしたのは2年近く前、彼女はがん宣告を受け闘病中だった。

闘病前からエステには通っていたが、抗がん剤で髪の毛が抜け体調がすぐれない時でも、ウイッグを付けてお化粧をして、いつもと同じようにエステに来店するその凛とした姿は、今でも私の目に焼き付いている。

彼女のやせ細った小さな体から「病気になんか負けない」という闘志が伝わってきた。そ

の強さはどこからくるのかと興味をおぼえ、いつかお話をお聞きしたいと思っていたのだ。

人を介して何度か面談を試みていたが、ついに願いがかない、10月のある日、マリエルから昼食にご招待していただいた。

リピュブリック広場を抜けて彼女のアパルトマンを訪ねると、老猫ミツを腕に抱えた彼女が笑顔で迎えてくれる。

久しぶりに見る彼女の笑顔。唇を軽く引き上げて、はにかんだような、でも瞳はしっかりと相手を見つめている、この表情に私は憧れている。人生経験豊かなおとなの女性の微笑み。

彼女のあとについて部屋に足を踏み入れると、思わずため息がもれた。

趣味は自宅の室内装飾というだけあって、まるで女性誌か映画のセットから飛び出してきたようなセンスにあふれたインテリア。

天井まである書棚には、革張りの背表紙の本がずらりと並び、壁にはたくさんの絵画がかけられている。何気なく積まれた本や、窓辺に置かれたフルーツは、彼女が全体のバランスを緻密に計算してそこに置いたもの。季節はずれの暑さに思わず脱いだジャケットを、うっかり椅子に置くことも許されないほど（デザインの均衡がくずれてしまうので）、彼女のこだわりは徹底していた。

「このアパルトマンは、見学に訪れたときに、一目見て決めたのよ。テラスは物置き場のような状態だったけど、私好みの住居にする自信があったの」

「素敵なお住まいですね。これ全部お一人でなさったの？」

「そうよ。でも異父兄弟の一人が、室内装飾家なので相談には乗ってもらったわ」

ひと通りお住まいを見せていただくと、

「インタビューの前にまずお食事しましょう」とマリエル。

「テラスでいいかしら？　もう11月も近いというのに、外で食事ができるなんて、おかしな気候ね」

案内されたテラスは観葉植物に囲まれ、室内とはまた違ったエスニックスタイルでまとめられている。そして空まで突き抜ける開放感。

空はついさっき通り過ぎたリピュブリック広場と同じ空なのに、ここはまるで別世界だった。先ほどの街の喧騒がうそのような静けさだ。

テラスのテーブルへと促され、私は思わず感嘆の声をあげてしまった。そこには色鮮やか

テラスからは抜けるような青空が見える

リピュブリック広場。中央の像はフランスの象徴「マリアンヌ像」

マリエルさんの教え子が用意してくださった海苔巻き

エスニック風のインテリアでまとめられた中庭のテラス

な海苔巻きが並んでいたのだ。聞けば、彼女をフランスの母と慕う日本人女性がご用意してくださったのだとか。

外国暮らしが長い者にとって、手作りの和食をいただくほどうれしいことはない。その上、コロナ騒動で3年ほど帰国していない私は、家庭料理に飢えていた。

「私は特に日本食通ではないの。でも海苔巻きは好物」

「この器も素敵ね」

「テーブルセッティングに合わせて気に入ったものを買い揃えているだけよ」

日頃から、食洗器に放り込める食器ばかり使用している私は、彼女のようにお皿やお茶碗一つひとつまでこだわり食事をするような丁寧な暮らしに憧れる。

私は、自分自身の母親役を果たすと心に決めた

マリエルは、1941年7月30日に大西洋沿岸の港町、ラ・ロシェルで生まれた。

「私が8か月の時、母はレジスタンス運動に参加するために訪れたパリで、私を暖炉の火もない冷え切ったアパルトマンに置き去りにしたの。私のことを忘れて行ってしまったのよ」

レジスタンス運動とは、第二次世界大戦期、ナチス＝ドイツに占領されたフランスで、ドイツ軍から祖国フランスを奪還すべく起こった抵抗運動である。マリエルの母は、その組織の一員だったのだ。

マリエルは、このときの寒さによる病気が原因で、後々まで病弱が続く。幸い、管理人に発見され、ラ・ロシェルで働いている父親に連絡がつくが、北部の田舎に住む曾祖父の元に引き取られる。

90歳の曾祖父は、コニャック、ブランデーの蒸留酒製造所を営んでいた。彼女はそこで、父方の祖母と叔母、その妹と一緒に暮らす。母方の祖母とは2回だけ顔を合わせたことがあるが、母親とは面会を許可されなかったため、その後一度も再会していない。

戦時中、葡萄畑の広がる自然豊かな田舎で、戦火を逃れて、動物や農業従事者に囲まれ不自由のない暮らしを送る。

「母がいなくてさみしいと思ったことはないわね」

とマリエル。

叔母がもと小学校教諭のため、遠くにある学校に通わなくても、自宅にいながら教育を受けることができた。叔母のおかげで、読み書きや熟考すること、子どもの成長に不可欠な能力を身につけることができたという。

「私の人生にとって、良い叔母の存在は、ろくでもない母親よりずっと重要なことだったわ。この頃、幼いながらも自分のことは自分でする、自分の行いに責任を持つ、誰の手助けも必要としない、人生の舵取りは自分でする。そして、自分の母親役は自分で果たすと心に決めたの」


10歳の頃、自分をかわいがってくれた曾祖父が亡くなる。祖母と暮らすが、

「彼女は私の母親のことが大嫌いなので、私のことも拒絶していた」

実父は、毎週会いに来てくれたが、父とも次第に仲たがいするようになる。


高校生になると寄宿舎に入る。

ここでマリエルは、彼女を天職に導いてくれることとなるフランス語の教師に出会う。

「彼は私に愛情を注ぎ、私の能力を認め、そして教職へと導いてくれた恩人なの」

これが彼女の最初の幸運だった。

二度目の幸運は、英語教師との出会い。シェイクスピアの戯曲の手ほどきを受けた。これはのちに、マリエルが教員となり、外国人にフランス語とフランス文化を伝えていくという

ライフスタイルにつながっていく。

高校を卒業し、大学に入学。

生活費を稼ぐために小学校の児童の監視役や学校の代理教諭として働きながら学んだ。ときには自分よりも年上の生徒に教えることもあった。

そして20歳の時に結婚した。相手はユダヤ系アルジェリア人だ。この早い結婚は、人種差別的で反ユダヤ人主義者の父への反発心もあったのかもしれない。

ときはアルジェリア戦争（1954～1962年）まっただ中。夫婦は、アルジェリアのフランスからの独立運動にのめり込む中で、共に戦う同志として固いきずなで結ばれた。しかしその後、この運動に精も根も尽き果てて、やがて離婚する。離婚後も彼の死まで、友人関係は続いた。

27歳のときに、ボルドーで正規のフランス語教員の職に就き、再出発を果たす。

ボルドー、アジャンそしてポー。フランス南西部の都市で高校教師を務めながら、演劇やコンサート、アートなど、文化的経験を積み、彼女曰く、「自己の探求」にいそしんだ。

父の死去後遺産を相続し、パリへ

過去に二度訪れたパリでは、セーヌ川の流れや荘厳なノートルダム大聖堂にめまいがするほど感嘆し、いつかこの街に住みたいと夢に見ていたというマリエル。40歳のときに父を亡くしたマリエルは、遺産を相続し、パリに上京した。パリで最古の街並みを残すマレ地区で、歴史ある建築物の最上階、屋根裏の大きなアパルトマンを購入すると、地方での教職を辞して、パリで新たな生活をスタートさせる。

マリエルの書斎。書棚には革の背張りの本が並ぶ。ピアノは生徒さんがよく弾きに来るという

その頃、国から母親が死去したこと、そして、彼女には二人の異父兄弟がいることを知らされた。

異父兄弟には彼女から連絡を取り、お互い母親から見捨てられたもの同士ということで、親交を深めたという。そのうちの一人は、プロの室内装飾家として、彼女の自宅インテリアの相談相手になっている。

教育は職業ではなくライフワーク

教員を辞めたマリエルは、自宅で小さな語学教室を開設した。高校教師時代よりも自由なカリキュラムで、中学生から大学生、博士論文の指導まで、すべてのレベルの学生を受け入れることにする。

英語やスペイン語も話せるので、次第に外国人の生徒も集まってくるようになった。同じ建物内に住む一人の日本人女性にフランス語を教えるうちに、いつしか日本人の生徒も徐々に増えていった。今日いただいた海苔巻き寿司を作ってくれたのも、その中の一人だ。

彼女の専門は、フランス語、フランス文学、文学の比較研究だ。生徒には、フランス語の文法や作文、読み書きにとどまらず、フランス文学やフランス文化についても教える。

「本を開いて文学や知識を理解するのに必要な能力を身につけさせるのがフランス語教師の役目。言語の勉強だけではないわ。

教育とは、次の世代に知識を伝えていくこと。フランス語教師の私の役目は、フランス文化を伝達することよ」

自宅で個人レッスンを続けるうち、文学はいつしか彼女のライフスタイルになっていったという。


1995年1月17日、阪神・淡路大震災が発生した。

「あの日のことは今でも忘れられません」

と、マリエル。教え子の中には日本人もいたからだ。

マリエルのアパルトマンに一人、二人と次々に日本人が集まってきて、皆で肩を寄せ合い励まし合ったという。生徒の中には神戸出身者もいた。実家をなくした生徒もいた。

「このとき私は、この生徒たちの母親になると決めたの。ここを自分の家だと思ってくれればいいと。

私には子どもはいないけど、母性愛にあふれている。教師という仕事は、生徒たちの母親役を果たしていると確信しているから。血のつながりとは関係ないと思う。人にとって、文学や文化は食べ物と同じくらい大切なもの、生きるために必要不可欠な要素。パンと同じくらい重要なの」

パンは体の栄養、本は心の栄養だとマリエルは言う。

「私の自宅で一緒に文化を学び、文学を読み解くということは、家族が食事を共にするように、生活を共にすることに匹敵する。このようにして私は教師と生徒というだけでなく、友情をはぐくみ、さらには家族のような絆で結ばれていきました。私にとって、教師はもはや職業ではない文化を通して大きな家族を形成してきたのです。

のよ」

終活のため引っ越し、がんの告知。人生は続いていく

老後のことを考えて、6階（日本式7階）のアパルトマンに住み続けるのはあきらめ、地上階（同1階）に引っ越したのは65歳のとき。

それが今お住まいのアパルトマンだ。18世紀に建てられた天井の高い建築のおかげで、天井までぎっしりと本棚で覆われていても全く圧迫感はない。

そして、新居を彼女以上に喜んだのが、飼い猫のミツだ。6階のときは、広いアパルトマンの中を走り回ることはできても、外に出ることはできなかった。だけどここでは外出も自由。

ミツは、かかりつけの獣医曰く「パリで一番長生きの猫」だそう。3月で22歳になる。人に例えると100歳を超える老猫だ。2度のがんも生き抜いた。毎週足に注射を打たなければ歩くこともままならないが、テラスの壁をよじ登ったり、屋根裏の寝床から出たり入ったり、元気いっぱい動き回っている。

飼い猫のミツ。御年22歳、風格が漂う

飼い主の膝の上でゴロゴロ喉を鳴らしながらも、初対面の私のほうをじっと睨（にら）みつける貫禄はさすがに長老だけのことはある。

終活を始めたからといって、彼女は現役を退いたわけではなかった。

70歳のときに、再び公立校の教職に就き、パリ郊外の技術系短大で、インドやアフリカほか、世界中から集まって来た理系の優秀な学生に向けた「一般教養・フランス文化」の講義を受け持つことになる。

「教師経験の中でも、一番刺激的な経験だったわ」

という彼女の講義は、新設の科目だったため、学生たちのニーズに応じて、彼女が自由に内容を決めることができた。授業は、音楽、絵画、彫刻を3本柱として進めた。

「学生たちは、フランス語は問題なく理解できる。でも、例えば〝ピカソが何たるか？〟については知らない。だからフランスの芸術文化の手ほどきをしたのよ。学生たちは、70歳を超えた私がまだ現役で教壇に立っていることに驚いていたわね」

78歳のときに、がんを告知され、手術を受けた。

手術当日、執刀医から「この状態では、あなたの命を救えるかどうかわからない。でもとにかく自分にできる限りのことをすると誓う。どうか私のことを信じてほしい」と言われ、すべてをゆだねることにした。

手術は無事成功し、抗がん治療も終える。

「病気のせいで急に老け込んでしまったわ。でも、そうでなくても70代後半から80歳にかけては、人は老けこむのよね。仕方ないわね。

朝起きると、毎日気分が悪いの。あちこち痛むしね。私の体は病気に蝕まれてしまった。でもね、私のエスプリや知性はまだ無傷。だから、これからも私は生きていけるの」

もしも、エスプリや知性まで失ったら、「そのときは安楽死を選ぶ」とも彼女は言う。次世代へのフランス文化の伝達を天職と考え、生涯現役を貫く彼女にとって、それができなくなることは「死」を意味することなのだ。

自分の好きなスタイルを貫き、80歳を超えてもハイヒールを履く

「このあいだ久しぶりにウイッグをかぶってみたの。全然似合わなくて、こんなものをかぶってよく人前に出られたと思うわ」

闘病中、抗がん治療で髪の毛が抜けてしまった頭をかくすために、彼女はいつもウイッグを付けていた。

「私も覚えているけど、よく似合っていて素敵だったわよ」

「私もそう思っていたけれど……。年を取ったということかしらね」

「あのときは闘病中だったけど、今は髪の毛も生えそろって体も回復してきたから、もう今のあなたにウィッグは必要ない。だから、似合わないのは当たり前よ」

テラスに心地よい日差しが差し込んでくる。

一部だけ金色に染めているサイドの髪に陽が当たり、彼女の顔色がパッと明るくなる。

「髪の毛、いい色に染めてるわね。フェイスラインが輝いて見えるわ」

「わかる？　私もそう思って染めてみたの」

「あなた独自のスタイルによく合っているわよ。お洒落のこだわりはあるの？」

「プリーツスカートだけはどうしても私のセンスに合わなくて、家族が買って来ても拒否したわね。若い頃は膝丈のスカートもはいたけど、今一番好きなのは、くるぶしまであるスリットの入ったロングスカート。パンツスーツはいいけど、ベスト（フランス語ではジャケットのこと）とスカートのスーツも絶対に着ないわ」

フェミニン（女っぽい）なファッションは嫌いなようす。上品でエレガントな服装も好きではないようだ。毎日、きちんとした身なりをしているけれど、特別な外出だからといって着飾ったりはしない。

例えば黒の幅広のパンツ。マルシェに買い物に行くときにもはくけれど、アクセサリーを付けてオペラや結婚式にも着ていく。

今日の彼女のファッションも、黒のゆったりしたパンツにニットTシャツ。その上にファーの編み込みのケープを無造作に（と思いきや、それも計算ずくであえてアシンメトリーに）羽織って、足元はハイヒールで決めている。80歳を超えてもハイヒールを履くという心意気には感服する。

週に何度か訪問してくれる看護師のために、たとえ気分が悪くてもきちんと髪をとかし、着替えて準備をするというマリエル。

「病院に診察にいくときも、お化粧して病人に見られないようにきれいにしていくようにしているの。だって、向こうは一日中顔色の悪い病人の相手ばかりしているのだからおもしろくないでしょう？　だから、気分よく診察してもらえるように、身だしなみを整えていくのよ」

「自宅でくつろいでいる時に、部屋着を着たりはしないの？」と聞くと、

「ありえないわね」と即座に否定。お気に入りの服がくたびれてきたら部屋着にするのだそう。誰にも会わない日でも、だらしない姿を見せないことが彼女の美意識なのだ。

彼女は自分らしくあるために、流行に左右されず自分好みのものを調和させて独自のスタイルを貫いている。このお住まいも同様だ。

ココ・シャネルは、「流行はすたれるけれど、スタイルは決してすたれない」という名言を残した。マリエルと話しているうちに、この名言の意味がわかってきた気がする。

最後に「上手に年齢を重ねる秘訣は何ですか？」と尋ねると、

「自分が老いていくことに抵抗しながら、老化を受け入れなければいけません。でも決して、あきらめるのとは違う。自分のためにも周囲の人のためにも、なるがままに醜く老け込んでいくのはよくないわね。忘れてはいけないのは、あなたはいくつになっても他人から見られ

ているということ。他人の目に見苦しくない姿でいられるように年齢を重ねていくことね」

今でも、要望に応じて個人授業を行っているマリエル。彼女を慕い、長く通ってくる生徒もいる。足腰が弱り、一人では遠出もままならないマリエルだが、生徒たちが通ってくれる限り、孤独とは無縁だ。もしかしたら、彼女にとって教師を続けることは、孤独と闘う手段なのではないか。

しかし、そんな私の憶測を振り払うかのように、

「テキストに熱中していると、痛みも病気も忘れちゃうのよ。不思議よね」

とマリエル。文学や文化について語るときの彼女の声は力強く熱意にあふれている。彼女にとって文学や芸術、文化は生きる糧であり、それを教師として生徒に伝え続けることが、彼女にとっての生きる意義なのだ。

インタビュー中、メモを取る私のノートに時折鋭い視線をやりながら、フランス語の間違いをサササッと訂正してくださる様は、さすがにまだまだ現役の教師だ。

Chapitre 3

Yves & Jeanne Claude

リタイアを機に家も生活もダウンサイジング。「幸せな老後を迎える秘訣は、いつも二人でとことん話し合うこと」

―

イヴ・クロードさん & ジャンヌ・クロードさん
1943年生まれ 79歳／1944年生まれ 78歳

30年住み慣れた田舎の家を売却しパリへ

パリ全20区の中で人口が最も多い15区。毎日のようにどこかで朝市が立ち、病院も薬局も銀行もスーパーも生活に必要な場所は何でも歩いていける範囲にある、とても便利な住宅街だ。

イヴさんとジャンヌさんご夫妻は、地下鉄の駅からパン屋や肉屋、八百屋、花屋等が軒を連ねる賑やかな商店街を通り抜けて一本右に折れた通りにある、閑静なたたずまいの建物にお住まいだ。

イヴさんの仕事のために、30年前に移り住んだ、ドイツ国境に近いフランス北東部ロレーヌ地方の家を売却して、パリのアパートに戻ってこられたと連絡を受けたので、久しぶりに訪ねた。

6階のお宅は日当たりがよく、遠くにエッフェル塔を眺めることができる。ダイニングとリビングが一続きになっているので、とても開放感がある。

「広々として気持ちのいいお部屋ですね」

「僕にとっては、狭くて窮屈だけどね。以前は、寝室だけでも6部屋もある大きな一戸建てに住んでいたからね。コーヒーとお茶どちらがいい？」

「お茶をお願いします」

以前おじゃましたときも、イヴさんがお茶を淹れてくださったのを思い出す。

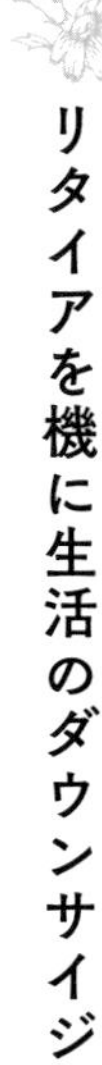

リタイアを機に生活のダウンサイジング

私「ご自宅の売却は、ご夫婦どちらから言い出したことですか？」
ジャンヌ「私よ。前もって考えて行動するのは私の性格。しかもどちらかというとペシミストなのよ。最悪の場合も想定して終活を始めたのよ」
イヴ「僕にとっては苦渋の決断だったけどね。向こうには友人もたくさんいるしね」
私「どうして今なのですか？」
イヴ「僕が　2018年に75歳で、完全リタイアをしたからね。収入の減少に応じて生活を縮小する必要があったからだよ」
ジャンヌ「私はその前から、二人そろって健康なうちに、取り掛からなくてはいけないと思っていたの。1軒の家を空にするのは時間も体力もかかることだから。家が大きくて、日頃の掃除がたいへんなうえに、電気代やガス代もかさむし、修繕費の出費も増える一方だったから、パリのアパートに戻って来てとても満足しているわ」

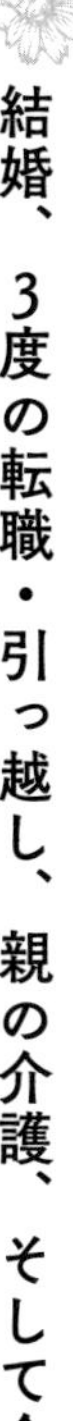

結婚、3度の転職・引っ越し、親の介護、そして今

1968年、二人はパリ郊外で結婚した。2男1女に恵まれ、お孫さんは9人いる。シングルマザーの長女は、同じ町内で徒歩数分のところに居住している。彼女が泊りがけの仕事の際は、ご夫妻が娘のアパートに泊まりに行って食事の世話や学校の送り迎えまで、孫二人のお世話をしている。

森林業に従事してきたイヴさんは、生涯で3度の転職を経験されている。最初は、長男誕生後。パリからフランス南西部コレーズ県に引っ越した。

「私は、出産後は仕事を辞めて、子育てに専念しようと決めていたから、地方に引っ越すことに何のためらいもなかったわ」

とジャンヌさん。

「当時は、周囲も皆そうだったのかしら？」

「いいえ。私の姉妹は、出産後も辞めずに定年まで働き続けたわ」

「迷わなかったのですか？」

「結局、翌年に次男が生まれたから、辞めて正解だったわね」


その後長女も誕生し、10年間地方で暮らしたのち、イヴさんの転職のためパリに戻る。

「久しぶりにパリに戻れてうれしかったわ。旅行代理店で働き始めたの。毎日楽しかった」

しかし間もなく、イヴさんがフランス北東部ロレーヌ地方に新たな職を得る。

その頃、仕事が波に乗っていて、すぐについて行く気にはなれなかったジャンヌさんは、とりあえずは別居することを選ぶ。イヴさんが本当に地方で仕事を続ける意思があるかどうか、確認できるまで結論を保留にしたのだ。

結局、1年後、家族そろってイヴさんの勤務地に引っ越しをする。

「このときばかりは辛かったわね。パリで仕事を続けたかった。職場の上司も同僚も引き留めてくれたのよ。でもいつまでも家族が別々に暮らすわけにもいかないから、泣く泣く夫に合流したの。子どもたちはすぐに新しい環境になじんだけれど、私は2年間かかったわ」


その後、ジャンヌさんの父親が亡くなったため母親を引き取り、同居を始める。

慣れた手つきでお茶を淹れてくださるイヴさん

その母も1996年に死去。

2004年からイヴさんのご両親を迎え、2009年に姑、2016年に舅の介護を最期まで引き受ける。

「私は、再就職したのだけれどやりがいを見出せなくて、結局、もとの専業主婦に戻ったのよ。でもそのかわり、ずっとボランティア活動には力を注いできたわ。明日からまた引き継ぎのため、ロレーヌに行くの」と、ジャンヌさん。

彼女のボランティア活動とは、「インナーホイールクラブ」という国際的な奉仕団体での活動だ。元々はロータリー・クラブ会員の配偶者によって始められた組織だが、イヴさんは、ロータリー・クラブの会員で、会長を務めたこともあるそう。

ジャンヌさんも、これまで5回、婦人部の会長を務めたという。

私が知っていたジャンヌさんは専業主婦で、イヴさんの転職ごとに赴任地に同行し、夫の陰から家族を支える内助の功的な存在だった。大きな組織の会長を務め、必要とあらば大勢の前でスピーチもすることもあったと聞いて、意外な気がした。

「どんな活動をなさってきたのですか？」

「非識字者の手助けよ。読み書きができない人たちだけでなく、パソコンの操作ができないために税金の申告や行政手続きに支障がある人たちの手助けも増えてきたわね」

フランス社会の非識字者問題は深刻だ。義務教育の就学後にもかかわらず、読み書きや計算ができない人を非識字者というが、18歳〜65歳の年齢層で人口の7％、250万人に上る（国立統計経済研究所ＩＮＳＥＥが２０１１〜２０１２年に実施した調査）。そこにフランス語を理解できない移民を加えると、どれくらいの人数になるのかは把握できていない。

ジャンヌさんがフランス語の読み書きを教えているのかと思ったが、そうではなく、非識字者やパソコンを使いこなせない人たちへの教育費用を集めるための、チャリティーイベントを開催するのが主な仕事らしい。

イベントは、他の団体と協力して、毎年10月に、地元のオペラ座と協賛で行う。

「当日は地元の演奏家によるコンサートやコーラスで盛り上がるの。大人25ユーロ（約3500円・1ユーロ140円で換算）の入場券を一人で10枚以上も購入して、オペラ座に一度も足を踏み入れたことのない貧しい人たちにプレゼントする気前のいい人もいらっしゃるのよ。パーティ券の販売が主な収入源になるわ」と、ジャンヌさん。

2021年度は、1万1000ユーロが集まったという。このお金は6件のボランティア団体に分配した。

パーティの準備には、さまざまな団体と演者の間に立って交渉をしたり、こまごました備品を用意したり、ボランティアとはいえ、かなりの労力を割かなければならない。しかし、ジャンヌさんはこの仕事にやりがいを感じている。

「非識字者の就業や生活困難を考えて、その人たちを助ける役に立てればと思うとやる気が出るの。それに、準備が大変な分、当日足を運んでくださった方々に楽しんでいただいてパーティが成功すると、それが私たちにとって喜びに変わるのよ」

定年退職後、独立。75歳で完全リタイア

イヴさんは、2006年にいったん定年退職し、その後は現役時代に培ったコネクションを利用して、コンサルタントとして独立した。

「長年、森林業に従事してきたので、広大な森林を所有しているいくつかの企業の顧問として、森林開発のプロジェクトに加わったのです」

ジャンヌさんは、イヴさんにもっと早くにリタイアしてもらって、二人で旅行や共通の趣味を楽しみたいとは思わなかったのだろうか。

「前職よりも、自由に時間を決めて仕事ができるようになったから、休暇は取りやすくなったのよ。それに、以前よりも生き生きと仕事に励んでいたから、辞めてほしいとは思わなかったわ。健康なうちは仕事していたほうが彼のためだしね」

「コンサルタントの仕事は、僕のキャリアの中で一番面白かったからいい経験になったよ」

とイヴさん。

いつもきれいに片付いているキッチン

窓辺に置かれた器やダイニングテーブルの食器やP.75のティーセットはすべてビレロイ＆ボッホ社のもの

イヴさんが取り組まれたのは、森の中にバカンス村を建設する計画。スマホを取り出して、彼が携わったバカンス村の写真を誇らしげに見せてくださった。

「木を切り倒して、そこに公園や宿泊用のコテージを建設するような単純な話ではないんだ。自然環境保護のために、森林開発にはさまざまな規制があり、それに従わなくてはならないからね。その上で、樹木を伐採し、将来のために植樹も行いながら、娯楽施設を建設するんだよ」

　コンサルタント時代の充実した日々を思い出したのだろうか、イヴさんの瞳はきらきらと輝いている。

バカンスの思い出が詰まった小型船を手放す

リビングの壁には小型船の写真が何枚も飾られている。

私「船の操縦免許は若いときに取得されたのですか？」

イヴ「48歳のときに、子どもたちにせがまれて始めたんですよ」

ジャンヌ「最初の10年間は、バカンスのたびにレンタルしたわね」

イヴ「でもそのうち、子どもたち以上に私たち夫婦が船の魅力にはまっていってね」

ジャンヌ「そして、10年後、小さな船を購入したの」

イヴ「夫婦で旅行を楽しむためにね」

船は、ギリシャの港に停泊させておき、年3～4回はそこから船で旅行をしたという。

イヴ「21年間で2回乗り換え、そのたびに少しずつ大きな船を購入したよ」

ジャンヌ「その船も、このあいだ売却したばかり」

大好きな船を手放したのは、一つには、共同購入者の友人が病気のため船の操縦ができなくなったから。もう一つは、イヴさんも3年前に完全リタイアしたからだという。ご夫妻だけで維持費を賄い続けるのは負担が大きかったのだ。

「でもこれからも船をレンタルして楽しむつもりよ」とジャンヌさん。

高齢者施設に入居し、誰の負担にもなりたくない

住宅も小型船も売り払い、着々と終活を進めているお二人。

これからの将来に向けて、他にも何か計画していることはあるのだろうか。

「私は、最終的には要介護高齢者施設に入居しようと思っているの」

ジャンヌさんの、あまりにも意外な発言に驚いた。

夫の転勤に帯同し、3人の子どもを育て上げ、9人の孫に囲まれ、自宅で舅姑の介護をして最期を看取り、彼女はこれまで家族のために自分を犠牲にしてきたはず。それにもかかわらず自分の老後は施設で過ごすと決めている。

お嬢さんもお孫さんもすぐ近所に住んでいるし、ご主人もお元気なのに、なぜそこまで決めているのだろうか。

「私は、誰の負担にもなりたくないの。絶対に家族に迷惑はかけたくないの。だからもし自分の身の周りのことができなくなったら、施設で介護のプロのお世話になるほうがいいわ。子どもや孫は時々会いに来てくれればそれでいいのよ」

ちらっとイヴさんの方を見て、

「あなたも、一緒に施設に入居してもいいのよ」とジャンヌさん。

イヴさんは、無言。

「でも、介護が必要になる前に死んでしまうかもしれないから、まだ先のことはわからないわ。最悪の場合を想定するのは私の性格だから」

船が大好きなご夫婦。昨年手放してしまったが、今後はレンタルで楽しむそう

考えてみると、ジャンヌさんは舅姑を自宅で介護し、つい数年前に見送ったばかり。口には出されないけれど、さぞかし大変な思いをなさったのだろうと想像できる。とりわけ、姑が亡くなった後の7年間の、一人遺された舅のお世話はたやすいものではなかったことだろう。その経験から「自分は絶対に家族に介護をさせたくない」という決心に至ったのだろうか。

幸せな老後に必要なのは、事前の計画

幸せな老後の秘訣は？　と聞くと、

「物質的にも、精神的にも、前もって準備することだよ」

と、イヴさん。

「具体的には老後の資金を用意すること。そのためには、まず家計の収支バランスを見直すことだね。収入の減少に合わせて、支出も減らさないといけない。現役のうちに借金はすべて返済し、リタイア後は決して新たな借金をしないことだよ」

「船も家も売却したし、車も2台から1台にしたのよ」と、ジャンヌさん。

ちなみに、お二人の1か月の生活費を聞いてみるとこんな感じだ。

・アパルトマンの管理費：毎月300ユーロ（約4万2000円・1ユーロ140円で換算）

この金額には、セントラルヒーティングの暖房費も含まれているので、今後はさらに値上がりする可能性がある。

・民間の医療保険：1か月あたり夫婦で320ユーロ（約4万4800円・同）

眼鏡や歯の治療は国民健康保険ではカバーされないので、これは必須。余談だが、フランスでは、がんのような生命にかかわる疾病にかかった場合の医療費は、10年にわたって国が負担してくれる。

そのほかの大きな出費としては、旅行費用。南仏に住む息子夫婦や親族、またはロレーヌ地方の友人に頻繁に会いに行くので、かなりかかりそうだ。

「旅行費を除いて、パリの生活だけなら、二人で2000ユーロ（約28万円・同）で足りますか？」

「難しいですね」と二人は声をそろえる。

パリの物価は高い。老後の経済状況が厳しいのはフランスも同じのようだ。では、精神的には老後に備えてどのような心構えが必要なのだろうか。

「働くのをやめるということは、すべてが終わりのような気分になるものだね。人に会う機会が減り、電話もあまり鳴らないようになる。自分はもう上に立つ立場でもなければ、権限のある立場でもなくなることを前もって理解しなければいけない。私の場合は、業務の引継ぎのため1年間の準備期間を経てから完全リタイアをしたので、その間に心の準備ができたよ」とイヴさんはいう。

ご夫婦とも、二人の息子とその配偶者、シングルマザーの一人娘と全部で9人の孫たちと過ごすことにたっぷり時間を費やしている。そして、医者の診察に通う機会が、徐々に増えてきている。

イヴさんは言う。

「私もだんだん老いてきた。体のあちこちにガタがきて、多くの時間を医者通いに費やしている。でも、そんなことは忘れるようにしているよ。

不平ばかりを口にしていたら、気分も落ち込んでくるからね。嫌なことは忘れるように心がけるのが、幸せな老後を過ごす秘訣だよ。

でもやっぱり、何もしないで家にいるのは性に合わないので、この建物の管理組合の会長に就任したんだ。おかげで、毎週のように会合に出席しているよ」

健康な老後を送るため大切にしているルーチンとは

食事は、魚料理を中心にし、野菜と果物を多めにとるように心がけている。デザートの砂糖も控えめ。お互いに太らないように気をつけているそう。

それでも、家族や友人たちとレストランで食事をするときには、好きなものを食べることにしている。

「昨夜食べた子羊の煮込みはソースがたっぷりかかっていて美味しかった」

とイヴさん。本来は、かなりの食いしん坊のようだ。


健康のため、もうひとつ意識しているのは、毎日、規則正しい生活をすること。

イヴさんは、毎朝7時起床。ジャンヌさんは、7時半から8時くらいに起床する。夜中に何度も目が覚めるので、イヴさんより少し遅くなるのだとか。ジャンヌさんは朝食後シャワーを浴びて洗濯等の家事をすませ、午前中はゆっくり過ごす。

12時半〜13時、キッチンでラジオのニュースを聞きながら昼食をとる。

昼食後は、二人とも30分くらい昼寝をする。

午後は、娘さんが仕事の時は、二人のうちどちらかが孫たちを学校まで迎えに行き、それから買い物へ。

19時半に夕食。

21時にはパジャマに着替えて寝室でテレビタイム。

ジャンヌさんはテレビを観ながら寝てしまうので、最後まで観て電気を消すのはイヴさんの役目だ。

自然な分担がほほえましい。

二人そろって食事ができるだけで、一日一日が特別な日

「ご自分の人生について、一言いただけますか？」

この質問だけは、お一人ずつ、別々にお答えいただいた。

まず、ジャンヌさん。

「何も後悔はしていないわね。私は、何ごとも前もってよく考えてから行動する性格だから、後から悔やむことはないのよ。両親は私に愛情を注いでくれたし、夫も私を愛してくれている。子どもたちとも孫たちともうまくいっているわ」

「幸せな人生」や「満足のいく人生」ではなくて、「後悔していない」とのお答え。本当は「もっと自分のための人生を生きたかった。パリでやりがいのある仕事を続けたかったけれど、でも夫のため、家族のために捧げる選択をしてよかったわ」という気持ちがあるというようにも取れる。これは私の考えすぎだろうか？

次に、イヴさん。

「幸せな子ども時代だった。決して裕福ではなかったけれどね。エンジニアの高等教育機関に入学してから、周囲の仲間と比べてうちは貧しかったと気づいたんだよ」

ロレーヌの大きな家やパリのアパルトマン、小型船舶まで所有していたくらいだから、イヴさんはもともと裕福なご家庭の出身だと思っていたが、意外な答えだった。

「まったくそんなことはないよ。僕の人生は、住居も船も小さいものから大きなものに買い替えていったように、いい具合に右上がりの人生だっただけだ。

ジャンヌがいてくれたおかげだと感謝している。今でも彼女を愛している。いつも僕の転職先に帯同してくれた。良い妻であり、良い母親でもあり、家庭をしっかり守ってくれた。だから僕は安心して仕事に集中することができたんだよ」

ジャンヌさんに聞かせてあげたい。彼女の選択は、正しかったのだ。

最後にもう一つ、聞いてみた。

「50年以上の結婚生活を経てなお夫婦円満の秘訣は?」

「もめることもあったけれど、いつも二人でとことん話し合うようにしてきたこと」

とご夫婦で口をそろえる。

「その上で、自分が悪かったと思ったら、あやまることだね」

と、これはイヴさん。

インタビュー後、夕食をごちそうになった。

先ほどお茶をいただいた時のティーカップと同じビレロイ&ボッホ社のフレンチガーデンシリーズでテーブルウエアは統一されている。ビレロイ&ボッホ社は、ロレーヌの自宅近くの国境を挟んでドイツ側に本社工場があるので、ご夫婦で一つひとつ選んで購入された思い出の品だ。カトラリーはすべて銀製。

私「今夜は私がいるから、こんな素敵な食器を出してくださったの?」
ジャンヌ「毎日、使うことにしたのよ」
イヴ「引っ越し荷物を整理したときにね、僕の両親の食器セットも見つけたんだよ。でも、古くて家族は誰もほしがらなかった」

食器棚を開いて見せてくださる。すばらしい食器がずらりと並んでいる。

ジャンヌ「私たちの食器一揃いもね、クリスマスとかお誕生日とか、特別な日の食事のためだけに使ってきたのだけど、このまま大切に保管していても、娘や嫁が受け継いでくれるわけでもないから、普段使いにすることに決めたの」
私「銀のナイフやフォークも?」

イヴ「結婚祝いに頂いたものだよ。箱に入れてしまっていても仕方ないからね。毎日使うことにしたんだ」

ジャンヌ「私たちの年齢になったら、こうやって二人そろって食事ができるだけで、一日一日が特別な日なのかもしれないわね」

テーブルの上にあるのは、できたてのかぼちゃのポタージュ。二人そろって食事ができることに幸せを感じる

幸せな老後の秘訣は、夫婦円満なこと。そのためには、夫婦がお互いに思いやりを忘れないこと。そしてそれを行動で表すこと。

私が訪れた時だけでも、イヴさんがお茶のご用意をしてくださり、食事のご用意も片付けもご夫婦で手分けしてなさっていた。

そういった小さな日常の積み重ねが、幸せな老後につながっていくのだ。

Colonne 2

あなたを美しくするのは、あなたの手のひらです

肌に刺激を与えましょう

私はこれまでに数千人の女性の肌を、この手のひらで美しくしてきました。

エステの施術中、マッサージを進めるにつれて、お客様の顔は血行が促進され、肌のくすみが取れて輝きが戻ってきます。頬の位置がグイグイ引き上がり、フェイスラインがすっきりします。施術後は目元の疲れが取れて瞳がパッチリしているのがわかります。施術の前後で明らかに顔の違いがわかるので、大変にやりがいを感じます。

「肌はデリケートなので、できるだけ刺激を与えないのが美肌を保つ秘訣」とも言われますが、それは若い女性の肌のこと。成熟した肌はちょっぴり怠け者で新陳代謝も衰え、ターンオーバーにも時間がかかります。放置しておくと肌の一番外側の角質層が厚くて硬くなってしまうので、刺激を与えて肌の細胞を活性化させる必要があります。

手を当てるのは一番のケア

不安なときに手を握ってもらうと心が落ち着きます。同じように、痛いところに手を当てると痛みが和らぐような気がします。ソシオ・エステティシャンとして活動中、高齢者にハンドマッサージをするだけでとたんに笑顔を取り戻し、会話が弾むようになった例や、がんで闘病中の方の表情が明るくなり、前向きな気分になられたという例を数多く目にしました。

エステティシャンとしての長年の経験から、私は手には肌と肌の触れ合いでエネルギーを伝達する力があると確信しています。そして、プロから施術を受けるよりも、むしろセルフマッサージのほうが良い点もあります。

①いつでもどこでも実行できる……朝の化粧前や業務後のお出かけ前、就寝前など、空き時間にすぐに行えます。

②自分好みに加減できる……自分の顔だからこそ、触って心地のいいところはもっと力を加えてみたり、回数を多めにしてみたりとお好みにできます。

③効果を出したい部分を優先的にケアできる……ほうれい線や二重あご、眉間のシワ等、日頃から気になるところを重点的にマッサージできます。

あなたの肌を美しくする鍵は、あなたの手のひらが握っています。肌は生きているので、励ましてあげればどんどん期待に応えてくれますよ。

Chapitre 4
Catherine Bonnard

80歳を過ぎて外国定住を決意。
「一人で生活することを学ぶのは、
人生にとって大切なことなの」

—

カトリーヌ・ボナールさん
1940年生まれ 82歳

3つの国籍と4か国語を自由に操り、世界を旅してきた女性

カトリーヌは82歳。

私の夫の伯母にあたる人だ。

冠婚葬祭でしか会うことはなかったが、彼女には以前から興味があった。


カトリーヌは一人娘を生んで数年後に離婚。離婚後に出会い、長年連れ添ったパートナーとも数年前に死別し、現在は一人暮らしだ。孫やひ孫たちとは交流があるものの、一人娘とは疎遠なようす。リタイア後は、戦死した父親の書簡をたよりに家族の物語を本にまとめて出版した。


3つの国籍*を持ち、4か国語を繰り、世界のあちこちを旅してきたカトリーヌ。フランスだけでなくアムステルダムにも住居を持っている。

そして、フランスの家を売り払い、アムステルダムへ移住するという。

現在82歳の彼女にとって、それは終の棲家となるはず。

心臓にペースメーカーが入っているのにバイタリティにあふれていて、近々には以前から

*カトリーヌはフランス植民地（当時）のアルジェリア生まれのためフランス国籍であり、イギリス人との婚姻によりイギリス国籍も取得。近年、長年居住しているオランダの国籍も取得できたため、仏英蘭3か国の国籍を持つ。

交流のあるアーティストに会うために、アフリカに行くのだという。
彼女がなぜこんなに生き生きとしているのか。
そして、82歳という高齢で、外国で暮らす決意をしたのはなぜなのか。
今、まさに終活まっ最中の彼女に、話を聞いてみたいと思った。

10月の土曜日の午後、約束の時間に少し遅れて南仏モンペリエの田舎にある家に到着すると、彼女は薪ストーブに火をくべて、これまでの何十年分も積もりに積もった電気料金の請求書や、「きっといつかまた読み返す日が来るだろう」と靴の空箱に溜め込んだ手紙や写真を、一枚一枚ざっと目を通しながら、次から次へと炎の中に投げ入れているところだった。

「燃やしてしまうのが、一番早く片付くいい方法だと思ったの。
最初に出版した本はこの家にこもって書き上げたのよ。これが出版契約書。でももうこれも必要ないわね」

これまでの彼女の歴史が、あっと言う間に灰になって消えていく。

自分はいつも外国人という意識がぬぐえなかった

この家は、50年前に彼女が母親から譲り受けて以来、改装を繰り返し、少しずつ周囲の土地を買い取って拡大してきたのだという。今では木々に囲まれて、まるで小さな森の中で暮らしているかのよう。ときおり、お隣、と言っても500メートルは離れたところにある乗馬学校の馬が通り過ぎていく蹄の音が聞こえてくる以外は、人の気配は感じられない。

夫と一人娘、家族3人で過ごした思い出の詰まった家だ。

「フランス人なのに、どうして終の棲家は、アムステルダムを選んだの？　この家を手放すことに迷いはなかったの？」

と、最初から核心に迫る質問を投げかけてみた。

「迷うも何も、医師から強制退去命令を突きつけられたからなのよ。これまでに2回、突然胸が苦しくなって倒れたのが原因ね。この人里離れた田舎の家で一人暮らしを続けることは自殺行為のようなものなのよ。

親身になってくれる友人もいるけれど、でも他人に迷惑をかけてまでここで暮らし続ける

森の中の家で迎えてくれたカトリーヌ

“お隣”の乗馬学校の生徒さんが、庭の向こうを馬に乗って通り過ぎていく

わけにはいかないから決心したの」

アムステルダムのアパートは街の中心部にあり、展覧会やコンサート、レストランに行くにも、車なしでどこにでも行けるのだとカトリーヌはいう。そのうえ医療システムも社会福祉も充実していて申し分ないのだとか。


「母国のフランスとオランダを天秤にかけて選択したわけではないのよ。

でも、実は私、ここにいると『フランス語がとても上手な外国人』だと思われることもあるの。自国なのに溶け込めていないのがよくわかる。

今までいろんな国で暮らしてきたけれど、結局どの国でも、自分はいつも外国人だという意識がぬぐえなかった。フランスでさえもそうなの。

その中で、アムステルダムはたとえ外国人でも自由に暮らせる風土があるの。誰も私が流暢なオランダ語を話すことなんて期待してないのよ。向こうは皆、英語がペラペラなのだから。そんな中で暮らすうちに、いつの間にかオランダのほうに愛着がわいていったのかもしれないわね」

私も同感だ。せいぜい二十数年パリに住んだだけなのに、日本に里帰りすると戸惑うことが多々ある。駅で切符一枚買うのさえオタオタしてしまい、列の後方の人に迷惑をかけてしまう。赤信号でも車が来なければ横断歩道を渡るパリの習慣が身についてしまい、信号待ちをしている人々の冷たい視線を浴びたことは一度や二度ではない。

家族との名残を惜しみながらもシャルル・ド・ゴール空港に到着すると、我が家に戻った気がしてほっとする。

母が旅行から帰るたびに「やっぱりうちが一番落ち着くわね」と必ず口にしたのを思い出す。私もパリに戻るとそんな感じなのだ。

とは言うものの、私はフランス国籍を取得していないのでフランス人になれるわけでもなく、今のところはどっちつかずの人生だ。時々、どこかにしっかりと根を張って暮らしたいと思うことはあるが、夫は仕事の関係で引っ越しも多く、当面は浮き草のように漂うだけ。老後は、日本で暮らしたいと思っているのだが……。

お姫様のように暮らした子ども時代

カトリーヌは、1940年フランス領アルジェリア生まれ。兄弟は、3歳年下の弟が一人。

子ども時代のことを聞くと、

「フランス領のアルジェリアで生まれて、子ども時代は戦時中だったからほとんど記憶にない」

といきなり素っ気ない返事。

4歳の時に、戦争で父親を亡くした彼女には、話したくないような思い出があるのかもしれない。

父亡き後、母親の故郷フランス西部ブルターニュ地方に引っ越し、13歳のときに、教員だった母親の転任のため、モロッコの首都ラバトで暮らすことになる。

「13歳のときに、母親がモロッコに旅行しましょうと言って、引っ越したの」

当時フランス保護領だったモロッコでは、大理石造りの御殿のような住まいで召使いや料理人、ボディガードに囲まれて、リセ・フランンセ（インターナショナルスクール）でフランス人やモロッコ高官の子女と一緒に学んだそう。これまでとは異なる文化や、モロッコ人の外国人に親切で優しい国民性に触れた。本人曰く、

「まるでお姫様になったような暮らしだった」

モンペリエにあるカトリーヌの家の窓からの眺め

しかしその暮らしは長く続かず、独立戦争による治安悪化のため、3年後にはフランス南西部カオール市へ引っ越した。その後も、母親の配置転換のために、数年おきに引っ越しを繰り返したという。

この経験がきっかけで、カトリーヌは人種や文化、言語の異なる国に関心を持つようになり、外国語を学び、さまざまな国を訪れて、早く自立したいと思うようになった。そして、そのため読書に精を出したという。

一方で母親は、彼女が外国語の習得に不可欠な、外国語を聞き取る鋭い聴覚を持つことに早くから気づき、外国で学ぶことを後押ししてくれた。

高校生のころから、毎年夏休みには交換留学でイギリスに1か月、もう1か月はスペインに渡り、ホームステイをして外国語に磨きをかけた。

「英語とスペイン語を同時に勉強したの？」

「そうよ。言語の違いだけでなく、イギリス人とスペイン人の文化の違いも面白かったわ」

カトリーヌが18歳のときに、一家は南フランスのモンペリエ市に移住。カトリーヌはここでバカロレア（大学入学資格）を取得し、モンペリエ大学に入学。フランス文学、アメリカ文学と歴史を専攻した。

慕る父への想い

母親が要職に就き多忙を極めていたため、つねに使用人やベビーシッター、料理人に囲まれて、恵まれた環境で過ごしてきたカトリーヌ。そのため淋しさを感じることはなかったが、成長するにつれて「どうして私たち姉弟にはお父さんがいないのか？ 週末に父に会いに行ったかすかに残る記憶。あれは夢か幻なのだろうか」と思うようになった。
子どものころから母親に
「どうしてお父さんがいないの」

と、いくども尋ねてきたが、そのたびに彼女の機嫌が悪くなるだけで、決して答えてはくれなかった。

「彼は私だけのものなの。あなたたちは何も知る権利はない！」

と言われて以来、もう尋ねることもできなくなってしまった父親の過去。

でも、どうしてもあきらめられない彼女は、母親が仕事で留守にしている間に、寝室の鍵のかかっている箱をこっそり開けて、ついに両親や父方の家族の写真、そればかりか両親が知り合った頃からの手紙のやり取りを見つけだし、父が戦場で負った病のため復員後に亡くなったことを知る。そして、母親は、心の中ではいまだに夫の死を否認し続けているのだと気づく。

その後もたびたび母が封印した過去の記録を盗み見する傍ら、叔母（母の妹）に頼み込んで、決して口外しないことを条件に、父親についての話を聞かせてもらう。それが、後の家族の歴史の本の出版につながるのだ。

モンペリエで大学生活、そしてアメリカ留学へ

モンペリエ大学で学んでいたカトリーヌは、大学間の交換プログラムで、1年間イギリス

でフランス語を教え、その後フランスに帰国すると、「世界中を旅して回る」と心に誓った。

24歳のときに、アメリカのフルブライト奨学金を得て渡米。フルブライト奨学金といえば、アメリカの大統領やノーベル賞受賞者、政治家など世界各国の著名人を輩出したハイレベルの奨学金だ。大学院生でもなかったカトリーヌがなぜ選ばれたのかと聞いたら、

「モンペリエ大学で、当時はまだ新しかったオーディオ・ビジュアルの学科ができて、面白そうだと思って専攻したの。オーディオ・ビジュアルはアメリカが本場だったから、それが選考のときにアピールになったのかもしれない」

とカトリーヌ。新しいことに貪欲にチャレンジする姿勢は今も変わらない。

イギリス人と結婚し、アムステルダムに移住

留学中、25歳のときに、現地で知り合ったイギリス人と結婚した。夫が博士論文を書き終えるのを待って、世界一周旅行に出発。メキシコに3か月滞在した後、ペルーに移動するはずが、病気にかかり、治療のためやむなくイギリスに帰国する。

その後、夫はマンチェスター大学に職を得たが、彼女は、文化水準が高く国際色豊かなアムステルダムへの移住を希望し、夫と共にアムステルダムの大学で教職を得て、そこに暮ら

すことになった。
35歳のときに一人娘を出産し、仕事でも家庭でも恵まれた生活を送る。しかし、この生活も長く続かず、41歳のときに離婚。

「私には結婚は向かなかったみたいね」

以来独身。しかし、後に別の男性と出会い、つかず離れず39年間関係を続けるが、3年前に彼の突然の死でそれも終わる。

1997年、カトリーヌが57歳のときには母を亡くしている。

イギリスに住む元夫とは今も連絡を取り合う仲で、4人の孫と4人のひ孫に恵まれている。モンペリエの森の家で静かな時間と地中海のまぶしい太陽を満喫する日々を過ごしてきた。

「一人ぼっちになりたくはないけれど、孤独を感じるのも好きなのよ。わがままよね」

リタイア後にするべきことのリストをひとつずつ実現

定年は65歳だったが、早く自由な時間がほしかったので、早期退職する。

家の薪ストーブで古い手紙、写真を燃やす

4歳で父を亡くしている彼女は、若い頃からつねに「死」を意識して生きてきたという。「死はネガティブなことでも、悲劇的なことでもなく、誰にでもいつかは訪れること。だから、元気なうちに早く次の目標に進みたかったのよ」

フランス人にはこういう人が多いように思う。定年後は第二の人生。もう引退だと悲観するのではなく、これまでのしがらみや重荷を捨て、新たな生活を始める。その日を楽しみにし、定年が近づくとあれこれ計画を立てる人は私の周囲にもいる。

カトリーヌは、定年の3年前からリタイア後にするべきことのリストを作成した。私が驚いたのは、ただ項目を書き出すだけではなく、実現するためには何をどうするか、資金をどうやって捻出するかまで考えていたことだ。

以下はカトリーヌのリストの一部である。

1．本を出版する

2．青春時代過ごしたバルセロナのホームステイ先でもう一度過ごす

3．昔のようにコーラスグループで歌えるように、声楽のレッスンを受ける

4．文化教養を高めるためにサークルに加入する

エトセトラ、エトセトラ……。

「人と出会うことを大切にしているので、老後、家に引きこもって過ごすなんて考えられないわね」

本の出版は、退職して7年後、彼女が69歳の時に実現した。

それは、父を中心とした家族の物語だ。

「結局母は、父に関する秘密を一言も語らぬまま、一人で全部抱えて旅立ったの。私は父のことを知りたかった。そして、その歴史を書き残すことが私の使命だと思ったのよ」

母の死後、ようやく例の秘密の箱を手に入れた彼女は、モンペリエの家に引きこもって若くして亡くなった父の姿を追い続ける。

彼女が書いた本の中には、古い家族の写真があるが、どうやって写真の中の人たちの名前がわかったのだろうか。

「父の妹、私の叔母に当たる人が、協力してくれたのよ。3日間ぶっとおしでこれまでの疑問を質問し続けたわ。彼女は、私には父親を知る権利があると思ったのでしょう。だからすべて話してくれたのよ」

外国生活が長いせいで、今やフランス語より英語のほうが得意だという彼女は、最初の1年間は、完璧なフランス語で執筆するためにフランス語の勉強をしたという。

私と話しているときも、盛り上がってくると、母国語であるフランス語よりも英語が自然に口から出てくるほど。

そして2009年、「絶対、誰にも言わないでね」と何度も繰り返していた叔母（母の妹）との約束を守りきり、その叔母の死後に出版する。

リストの1番目は実現した。2番目は先方の都合で実現せず。3番目、4番目は現在進行

中で、リストはこれからも増えていきそうだ。

「英語はフランス語よりも美しい言語だ」という彼女は、140篇もの詩を英語で書いている。これを一冊の本にまとめて、今度は英語圏で英語の本として出版したいという。

このリストもいずれ実現するのだろう。

心臓病を患いながらも旺盛な行動力は衰えない

「この先も健康で長生きするために、食生活で気を付けていることは?」という問いには、

「食事には全く無関心!　料理もほとんどしないわ」

と、カトリーヌ。

心臓病のため、若い頃から続けてきたコンテンポラリーダンスもやめたし、自然の中を散策することもできなくなった。

「だって酸素ボンベを抱えて散歩なんてできないでしょう」

70代は、次から次へと体調を崩し、ふさぎ込んだ毎日を過ごした彼女。しかし、1年ほど前にペースメーカーを装着してからは体調も回復してきた。今では70代のときよりもずっと元気だと感じている。

「体がエネルギーで満ちあふれているの。何か新たなことをしようと思うと体の中から活力が湧き出てくる感じね」

そして今、彼女はまた新たな旅に出ようとしている。

「7年前からアフリカンアートに興味を持ち始めたの。才能にあふれた若々しいエスプリが大好きなのよ。同世代の人たちとばかりいっしょにいると退屈しちゃうから」

北アフリカのアルジェリアで生まれ、多感な少女時代をモロッコで過ごした彼女にとって、ヨーロッパだけでなくアフリカの文化にも関心があるのは自然なこと。

3年前、アフリカ大陸西南部のナイジェリア連邦共和国と西部ベナン共和国を訪れて以来、アフリカンアートの虜になったという。

気に入ったアーティストの作品を彼女のフェイスブックで紹介したり、アムステルダムの画廊にアーティストを紹介したりしている。そのかいあって、これまでに4人の才気あふれるアーティストがヨーロッパで個展を開催することができたという。

「少しでも彼らの生活が楽になればと現地で作品を購入して応援しているのだけれど、1作品購入すると、おまけでまた1作品プレゼントしてくれるから、助けになっているかどうかわからないわね」

現地で親しくなったアーティストとはその後もSNSで連絡を取り合っている。

あるとき、そのうちの一人から、母親が病気で救急外来に運ばれたことを聞き、もっと良い病院で治療を受けることができるように送金したことがあるという。

「現地の病院はね、床に患者さんが寝かされたりするような環境。不衛生で、とてもヨーロッパとは比べ物にならないのよ。でも彼らにはそんなことわからないでしょ。あんなところで入院したら助かるものも助からないわ。

良い病院に移ったおかげで無事回復して、今でもとても感謝してくださっているの。私はその気持ちがなによりうれしい」

どうして遠いアフリカの他人のためにそこまでしてあげるのか。

「だって、彼らはね、私に愛情をたくさん返してくれるから」

思いもよらない答えに、思わず涙がこぼれ、眼鏡が曇ってしまう。

物質的にはとても恵まれた環境で育ち、高い教育を受け、興味のある職につき、そして祖国よりも好きな街アムステルダムのお気に入りのアパートで何不自由なく暮らす彼女だが、ひょっとしたら、子どもの頃からの父親の不在、長年連れ添ったパートナーとの別れなど、心の隅の空洞は、どんどん大きくなっていたのかもしれない。

4人の孫とひ孫に囲まれて、明るく楽しそうに悠々自適の毎日を暮らしている、私の目にはそのように映っていた彼女の心の奥底に潜む深い孤独を見たような気がした。

モンペリエの家は、来週には正式に売却が完了する（インタビューしたのは10月の終わり）。その後すぐにアムステルダムに戻り、引っ越し荷物を片付けたら、彼女はまた新たなステージへと出発する。

まず、12月には、セネガル共和国の首都ダカールに旅立つ。

旅行から戻ったら、17世紀に建設されたお気に入りのアパートの改装。この先も一人で暮らし続けるために、まずは浴室から取りかかるという。

次に、現在唯一の健康不安である目の手術も予定されている。

そして、週1回のフィットネスのレッスンを再開。健康のためだけでなく、仲間と笑ったりおしゃべりしたり、人間関係を保つことを大切にしたいと思っているからだ。

夢は、人生を謳歌すること

最後の質問。

「これまでの人生を一言で言い表わすと、どうなりますか?」

すると彼女は、

「こんなにたくさんいろいろなことを話したのに、あなたわかってないわね。私の人生を一言でなんて、できるわけないでしょ。馬鹿げた質問」

と、あきれた様子。

カトリーヌの家に飾られたナイジェリアの画家、Gabriel Jideonworの作品。この画家の作品は日本でも販売されている

アート好きのカトリーヌの家には、いたるところに作品が飾られている

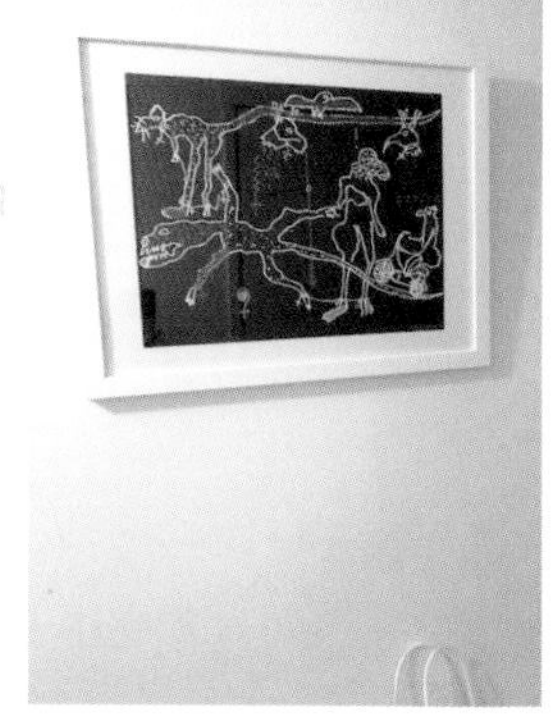

＊このページの写真　©M.GODARD

「満足しているとか、楽しかったとか……」と、たたみかけると、

「人生を謳歌すること、精一杯生きること」

実はもうひとつ、「今までの人生でやり残したことは」という質問も用意していたのだが、答えがわかっているのでやめにした。

「最期に後悔することがないように、今を生きているのよ」

と答えるに違いないから。

これまで、冠婚葬祭でしか会うことのなかったカトリーヌ。

いつも一方的に自分のことを話す人で、「自分勝手な人だな」と思っていた。

いろいろな経験談を話すけれど、「話を大きくしているだけだろう」と、どこか冷めて聞いていた。

ところが今回初めて、一度、二度とお住まいを訪ね、時間をかけて話を聞いて、これまでのイメージが全く変わった。

「子どものときに、何回も引っ越しをしたから、どんな環境にも順応できる人間になった」

といっていたが、それは自分で住む環境を選べない子どもにとって、生きる術でもあったのだろう。しかし、その順応性が、彼女の人生の可能性を大きく広げたのは確かだ。

引退後、人気のない森のような環境で一人暮らしをしていたカトリーヌの、

「一人で生活することを学ぶのは、人生にとって大切なことなの」

という言葉を思い出す。

高齢者にとって最大の不安は孤独。その孤独といかに折り合いをつけるか。彼女の生き方の中にそのヒントを見たような気がした。

Chapitre 5

Ensemble 2 générations

（異世代ホームシェア）

高齢者と若者の
家族の枠を超えた共同生活。
フランス社会の新しい老いのスタイル

ジュリエット・ラフォレさん

1935年生まれ 88歳

アントワーヌ・ベイヤさん

2000年生まれ 22歳

血のつながりだけではない、新しい家族の形

家族の形は変化してきている。血のつながりだけでなく、文化、感性の共有や心のつながりによって、幸せの形をつくり上げることができる。これまで取材した5人の方たちから教えられたことだ。そしてそれは、フランス全体にも広がっている考え方かもしれない。そう確信したのは、最近フランス社会で話題になっている、高齢者と若者が共に暮らす「異世代ホームシェア」を知ったからだ。

フランスでも高齢化は深刻な問題だ。特にパリでは一人暮らしの高齢者が増えていて、75歳以上の一人暮らしは約8万4000人。彼らが自宅で安心して暮らし続けられるためのひとつの手段として、パリ市は異世代ホームシェアを奨励している。

きっかけは2003年の猛暑。例年になく厳しい暑さが続き、およそ1万5000人の方が熱中症で亡くなった。そしてその大半は、一人暮らしの高齢者だった。この悲劇を引き起こしたのは厳しい暑さだけでなく、高齢者が社会から置き去りにされていることも一因であるとの反省から、高齢者の孤立を防ぐ対策として、すでに1997年よりバルセロナで開始されていた異世代ホームシェアが、2004年にパリにも導入されたのだ。

若者、高齢者、その家族、それぞれの困りごとを解決

高齢者と同居するのは、主に大学生を中心とする若者だ。パリの家賃は高額で、就学や就職のために上京してくる若者が手頃な住まいを見つけることは難しく、数名の若者同士で1軒のアパルトマンをシェアすることはめずらしくない。

一方、一人暮らしのパリの高齢者は、自宅に使っていない部屋を持っている場合がある。さらに、離れて住む家族にとって一人暮らしの高齢の親は、介護施設に入居するほどではないにしても、一人で大丈夫なのか、淋しい思いをしているのではないかと心配が尽きない。

そのような、三者の望みに応えるために、非営利団体が立ち上がり、若者と高齢者間の社会的連帯によるホームシェアの仲介をしている。2018年には、異世代ホームシェアに関する法的措置が制定された。異世代ホームシェアが認められるのは、30歳以下の若者と60歳以上のシニアのみと定められ、パリ市もこの事業に補助金を出している。

高齢者と若者をつなぐ非営利団体の活躍

非営利団体のひとつ、Ensemble 2 générations（二世代一緒の意、以下E2G）に聞いた

ところ、同団体では、若者に次の3種類のホームシェアを提案している。

①在宅プラン　月額10ユーロ

夕方から夜間は、在宅義務があり、週1回のみ夜間外出が可能。1か月あたり週末2回は外出自由。9月から翌年6月までの間に4週間の休暇取得が可能。

②助け合いプラン　月額120ユーロ

①のような在宅義務はないが、買い物や外出の付き添い、パソコン操作の手助け等、高齢者の日常生活の援助をする。

③共同生活プラン　月額200ユーロ〜住宅賃貸の市場価格より30％割安の設定

特にルールはなく、双方が気分よく楽しく共同生活をできるように配慮する。

①②の場合、若者は月間の費用のほかに、年間390ユーロ、③は年間300ユーロをE2Gに収める。①②は利用する高齢者の年齢が高めで85歳から98歳。③は、まだ手助けを必要としない元気なシニア世代の利用が多いという。

①と②は、ご家族の介護に要する時間が増え、自分たちだけでは対応しきれなくなって申し込まれるケースが多いため、最初のうちは、高齢者が若者との同居に気が進まないことも

多い。そのため、E2Gの担当者は必ず高齢者に会って時間をかけて話し合い、信頼を得ることから始める。若者にも事前に面談し詳細な聞き取りをしたうえで、相性のよさそうな二人を選ぶ。「活動目的の一つは、世代の異なる二人の間の絆を紡ぐことです。オンラインで両者のプロフィールをマッチングさせることではありません」と担当者はいう。

2020年3月から約2か月間、新型コロナウイルスによる1回目のロックダウンがあったが、この間も30%の若者は高齢者との同居を続けたそうだ。E2Gも手厚くサポートした。担当者はいう。

「経験のない事態で私たちもとても心配でした。毎日のように電話連絡を取り続けました。あのような緊急事態のなかで、両者は世代を超えた友情や思いやりを深め、これまで以上に良好な関係を築き上げることができました」

ロックダウン以降、高齢者の利用者が増えたともいう。

「ロックダウンの間、外出も禁止され、人気のない静寂の中、一人きりの高齢者はそれまで以上に孤独感を強く認識し、孤立から抜け出す必要性を感じたからだと思います」

若々しいマダムと落ち着いた若者の同居

実際に同居している方にも話を聞いた。ジュリエット・ラフォレさん、1935年生まれの88歳と、アントワーヌ・ベイヤさん、2000年生まれの22歳のお二人だ。

パリ地下鉄終点駅から数キロの距離にある、静かで落ち着いた住宅街にジュリエットさんのアパルトマンはあった。慣れない若者へのインタビューに、やや緊張気味にインターフォンを鳴らすと、ジュリエットさんがドアを開けてくださり、その後ろで長身の男性がにこやかに迎えてくれた。温かみのある耳触りのいい声、22歳とは思えない落ち着いた物腰のアントワーヌさん。緊張は一瞬にして消え失せた。

ジュリエットさんは、現在88歳。1年前に91歳のご主人を亡くされたばかり。アントワーヌさんは、観光業の上級技術者免状取得のためフランス北東部ストラスブール市から上京。パリの学校と郊外の企業で研修中だ。お二人は、昨年9月から2年間の予定で同居中だ。

「夫の死後、気持ちを整理するのに3か月くらいはかかったかしら。そんなある日、たまたま異世代ホームシェアの話を耳にして、寝室が余分にあるから住居探しをしている学生の助けになると思ってE2Gに電話してみたのよ。若者との共同生活は面白そうだと思う好奇心のほうが強かったかもしれないわね。夫の不在を埋めようという目的ではなかったわ」

「僕は、パリに進学が決まった時、母から勧められました。すぐに関心を持ち自分で申し込みました」

よくある学生同士のアパルトマンのシェアは考えなかったのだろうか。

「以前にアイルランドで女子学生二人とシェアしたことがあります。でも二人とも掃除も片付けもしない不潔ぶりで我慢できませんでした。年齢が近いと逆に仲たがいして、一緒に暮らしづらいことがわかりました」

周囲の反応はというと、

「私の友人たちは、良いアイディアだけれど、実際にやり始めるなんて思い切ったことをするわね、妙なことを始めたわねと、あまり肯定的ではないわね」

とジュリエットさん。

「僕の友人たちは、びっくりしています。なんでお年寄りと同居する気になったのか不思議がっています。家賃を抑えるにはいいアイディアだと思っているようですが」

「私の息子たちは、アントワーヌに会ってからは、大賛成してくれているわ。二人の息子と三人の孫、弟やいとこ、家族皆に紹介したの。こんなにまじめで素敵な青年をお育てになったご両親にお会いしたいと思ったので、昨年12月にお招きしてこのリビングでシャンパンを開けて初対面をお祝いしたのよ」

二人だけでなく、家族たちもホームシェアに大満足のようだ。

広いアパルトマンで快適にそれぞれの時間を過ごす

ジュリエットさんのご自宅は、寝室が3部屋と浴室が2つ。それに広々とした素敵なリビング。天井まである本棚には見事な蔵書が並べられている。

「お天気のいい日には、眼下にブローニュの森が見渡せますよ」

「僕の部屋からは、エッフェル塔も見えるんです」

廊下奥の部屋とその向かいの浴室（トイレ付）はアントワーヌさん専用。プライベートはきちんとすみ分けられている。

この広いアパルトマンでの一人暮らしが淋しく感じるのも、同居を決意した理由なのかも

しれないと思っていると、

「私は、一人でいるのが好きなのよ。音楽を聴いたり本を読んだりするのが趣味だから。友人と連れ立ってショッピングするのも好きじゃないし、夫とだって一緒には行かなかったわ」

とジュリエットさん。一方のアントワーヌさんは、

「僕は、学校と企業研修。それに加えて、お芝居の稽古と格闘技のカポエイラ*の練習もあるから、朝早くから夕方までぎっしり予定がつまっています」

そのため、アントワーヌさんは、3種類のプランの中で一番制約のない③の共同生活型を選択したのだ。

二人が異世代ホームシェアに期待していたことは、

「私の世話をしてほしいなんて気は全くなかったわね。重いものを持ち上げたりとか、脚立に上って棚の一番上にあるものをとってもらったりするくらいかしらね」

とジュリエットさん。

「僕は、手ごろな家賃で快適な住居を見つけること。感じのいい年長者と楽しい意見交換ができればと思っていました」

とアントワーヌさん。

＊カポエイラ：格闘技と音楽、ダンスの融合されたブラジルの文化。2014年には、ユネスコの無形文化遺産に登録された。

広いアパルトマンで思い思いの時間を過ごす

きれい好きのアントワーヌさん。キッチンもこの通り

長身の同居人のおかげで高い棚にも不自由しない

家族以外の誰かと一緒に住むことに抵抗はなかったのだろうか。

「ちょうど私が3週間の旅行に出かける前にアントワーヌがやって来たので、必要なことだけ教えて出かけたの。留守中に何か起こったら、戻ってから同居を解消すればいいだけのことだから心配はしなかったわ。同居して1日目の朝、彼が朝食を食べているのを目にしたときは、ちょっと不思議な感じがしたけど、それも最初だけ。その後は、息子が戻ってきたような感じ……とも違うわね。彼は私の孫娘と同じ年齢だから。でも孫って感じはしないわ」

さばさばしたジュリエットさんに対し、アントワーヌさんははにかみながら

「僕は、このような静かな環境の中で快適に暮らせて満足しています」と微笑む。

「私は好奇心旺盛だから、アントワーヌのすることにとても興味があるの。同年代の友人と話しても、もうお互いのことがわかりきっているから面白くないのよね。でも彼といると刺激になるわ。今年は、彼の出演するお芝居を見に行くのを楽しみにしているのよ。歌も上手なの。二人ともピアフ**やブラッサンス***のファンだから話が合うのよ」

「ジュリエットさんは、彼らのコンサートに行ったことがあり、当時のことを詳しく話してくれるのです。平日は、僕は6時半に起きて出かけるので、ほとんど顔を合わせることがないのですが、時々リビングでソファに座ってジュリエットさんとゆっくり話をするのが楽し

**エディット・ピアフ（1915年-1963年）：シャンソン歌手。「ばら色の人生」や「愛の讃歌」は日本でもよく知られている。

みです。自分の人生経験が豊かになった気がします。だって、僕が学校で20世紀の歴史として学んだことを彼女は実際に経験しているのですから。世界大戦やそれに続く栄光の30年間、5月革命などなど。彼女は僕が決して体験することのできない現代史の生き証人なのです。それを聞かせてもらえるなんて、すばらしい機会だと思います」

良いことばかりのようだが、困ったことや不便なこともあるのでは、という質問には、「思いつかないですね……」とアントワーヌさん。ただ一つだけあるのは、

「ベッドが小さいこと！　僕は体が大きいから、実家ではダブルベッドで寝ていました。シングルだと体がはみ出しちゃいそうです（笑）」

同居後、二人にはどのような変化があったのだろうか。

「私は、アントワーヌと気が合うので、よく笑うようになったわ」

「高齢者に対する見方が変わりました。僕はまだ若いですが、両親の世代になると皆、漠然と老いに対する不安を抱いているものだと思います。でもジュリエットさんと暮らし始めて、彼女の年齢の重ね方を目の当たりにして、老いを前向きにとらえることができるようになってきました」

「すごいほめ言葉ね。ありがとう」

＊＊＊ジョルジュ・ブラッサンス（1921年-1981年）：歌手、作曲家、詩人としてフランスでは国民的人気を誇っている。

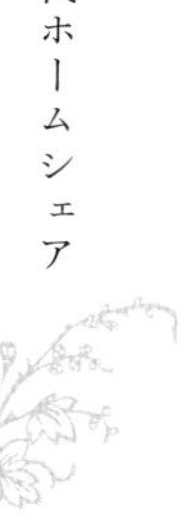

自分のことは何でもされるジュリエットさんだが、パソコンの操作はアントワーヌさんに助けてもらっているという。役所の手続きも、インターネットでしなければならないことが多く、なにかと頼りにしている様子。

普段の食事は別々。「生活の時間帯も違うし、食べるものも違うから」とジュリエットさん。ご主人が亡くなられてからはほとんど料理をせず、野菜やフルーツに、魚介類や卵で簡単に食事を済ませるジュリエットさんに対し、アントワーヌさんは大のお料理好き。

「毎日自炊します。肉を中心に、お皿に山盛り食べます」

「たまに、アントワーヌの手料理を一緒に食べることもあるわ。先日作ってくれたキッシュとリンゴのクランブルはとっても美味しかった。アントワーヌはマニアックなくらい掃除好きだから、キッチンの後片付けも完璧なのよ」

「クリスマスに、ジュリエットさんから料理の本をプレゼントされたので、また腕を振るいます。次回は、フォンダンショコラを作りますよ」

「楽しみにしているわね」

楽しそうな二人の様子。なんだかうらやましくなってくる。

お二人はお互いをそれぞれにどう思っているのだろうか。

「家族のようでも友人でもないわ。相棒ね。65歳の年齢差があるけれど一緒にいて楽しいわ。友情と尊敬の念を感じているわね。彼は若いけれどまじめで尊敬に値する男性よ」

「僕も同感です」

同居を始めてまだ数か月の二人の共同生活がこんなにうまくいっているのは、仲介役のE2Gのおかげだと二人は声をそろえる。

ジュリエットさんのところにはE2Gの担当者が直接訪れて、アントワーヌさんとはオンラインで、趣味や生活習慣、日常生活について時間をかけて話し合ったという。同居が始まってからも、頻繁に電話で連絡を取り合い様子を聞いてくれる。

「こんなふうに私たちが最初から良好な関係を築くことができたのは、彼女のていねいで親切な対応のおかげです。とても感謝しているわ」

「自分のコンフォートゾーンから飛び出すのが好き」というジュリエットさん。健康で好奇心旺盛、考え方も若く、外見もとても88歳には見えない素敵なマダムだ。だからこそ、異世代ホームシェアという新しい試みにチャレンジできたのだろう。

取材を終えて

ジュリエットさんは、「一人でいるのは大好き」、「夫の不在を埋めようという目的ではなかった」とおっしゃるが、ではなぜ、若者との同居を始められたのか？　私の心の中に引っかかるものがあった。

65年間連れ添ったご主人の死からまだ1年も経っていない。身内を突然失った喪失感は、時間が経過するにつれて大きくなっていくものではないか。これまで毎日料理を作り二人で食事をされていたのに、突然一人になったら食欲もわかないだろうし、食べることに興味をなくしてしまうだろう。朝起きることだって面倒になってしまうかもしれない。

そんなことを思いながらインタビューを進めるうちに、ジュリエットさんとアントワーヌさんの二人の関係が異なって見えてきた。

最初は、広いアパルトマンで一人暮らしをする高齢女性が、若者が学業に専念できるように割安な価格で快適な住居を提供しているという、若者への援助という形だった。

ところがインタビューが進むうちに、アントワーヌさんの言葉の端々から感じられるジュリエットさんへの尊敬の念や、私に伝わりやすいように、ジュリエットさんの話にさりげなく彼が補足をしてくださる心遣いに気づき、彼の存在感の大切さを感じるようになってきたのだ。料理好きのアントワーヌさんが、時々ジュリエットさんのお口に合うものを用意して一緒に食事をするのも、食の細いジュリエットさんを気遣ってのことなのだろう。

そして、腕を伸ばせば天井にまで手が届きそうなアントワーヌさんの存在は、棚のモノを下ろしてもらうだけでなく、いざというときには手助けをしてもらえる頼もしい存在に違いない。いつしかアントワーヌさんは、ジュリエットさんの心の支えにもなっていたのだ。

これこそが、異世代ホームシェアの目指す相互援助の形なのではないか。

このお二人の同居生活はあと1年半だが、いったんつながった絆は、その後も途切れることなく続いていくことだろう。


ジュリエットさんと私は30歳の年の差がある。

私は、「50代後半になると、新しいことを始めるには頭脳が追いついてこない」と感じ始めていたが、今回ジュリエットさんにお会いして、「好奇心を持ち続ければ、30年後の私も現在の彼女のように年齢を重ねることができるかもしれない」と、希望に満ちた気分で心軽やかにジュリエットさん宅を後にした。

年齢とともに、前に進む速度は緩やかになっていくけれども、決して立ち止まってはいけないのだと人生の先輩から教わった気がする。

Épilogue パリに暮らす、ある日本人女性のこと

ここまで、いくつになっても美しくて素敵なフランス女性たちを紹介してきましたが、最後にもう一人、どうしても紹介したい人がいます。フランス人ではなく日本人の女性です。

その人の名は美智子さん。

パリという外国の地に足をつけ、しっかりと根を張って生きている美智子さんにはいつも勇気づけられ、その姿から学ぶこともたくさんあります。ぜひみなさんにも共有したいと思います。

シェフの妻から一転、年金もなく一人暮らしに

美智子さんと出会ったのは、もう19年も前。私が新人エステティシャンの頃のことです。当時彼女は、古城めぐりで有名なロワール川のほとりにあるフレンチレストランのマダムとして多忙を極め、たまの休日にパリに息抜きに来るたびに、エステティックサロンにご来店されていました。とても親しみやすいお人柄で、最初から打ち解けてお話したのをよく覚えています。彼女がフランス人エステティシャンと言葉を交わすときの落ち着いた態度や何気ないしぐさはまるでフランス人のようで、あと何年くらいしたら私も彼女のような自然な振る舞いができるようになるのかと、羨ましく思ったものです。

美智子さんは、20歳の時に京都で知り合ったフランス人シェフのご主人と結婚して渡仏。レストランのマダムとして、一人息子を抱えながらも毎日くたくたになるまで働きました。そのかいあって、レストランは観光客だけでなく地元の常連客にも評判になり、一時は10人以上も従業員を抱える繁盛店になりました。

それから数年の月日が過ぎて、私もパリでの仕事にも慣れ、常連のお客様も増えて忙しい毎日が過ぎていきました。そんなある日のこと、昼食のために立ち寄った職場近くのビストロで、ウエイトレスとして働く美智子さんと再会しました。相変わらずの人懐こい笑顔で「お元気ですか？　お仕事はお忙しいですか？　私はいろいろなことがあって、エステにも行けなくなってしまったのよ」

と話しかけられ驚きました。ビストロの常連客らしいフランス人とも親しげに話しながら注文を取り、料理や飲み物を次々に運んでいく手際よさはさすがでした。

美智子さんご夫婦はレストランが開店30年を迎えたころ、レストランの建つ敷地の所有者から立ち退きを迫られ、閉店せざるをえなくなったとのこと。その後ご主人は、北京のホテル内のフレンチレストランのアドバイザーとして中国に行くことになりました。もちろん彼からは美智子さんも同行してくれるように懇願されたそうですが、今さらまた別の国で一からやり直す気にはなれず、フランスに残る決意をして離婚したとのことでした。

そしてその際、実はご主人が美智子さんの労働を申告していなかったことが判明します（ご夫婦一緒に働く場合、美智子さんのような例はめずらしくありません）。つまり、30年間働き続けたにもかかわらず、老齢年金にも補足年金にも加入していなかったという事態が発覚したのです。このままでは、老後の生活費が心配です。

もうすでに60歳を超えていた彼女は、迷わずレストラン業の仕事探しを始めました。そして見つけたのが、今働いているビストロです。月曜から土曜日まで毎日、昼食のサービスを任されています。それだけでなく、夜のスタッフが足りない時には、ヘルプをすることも厭わず、経営者からも頼りにされています。

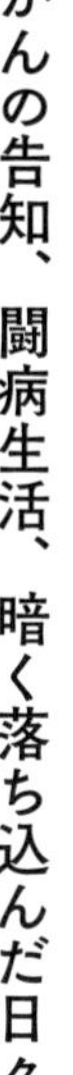

がんの告知、闘病生活、暗く落ち込んだ日々

ところが働き始めて1年が過ぎた夏のはじめ、乳がん検診でしこりが見つかります。検査の結果、悪性と診断され、美智子さんはその場で手術を受けることを決心します。

幸い初期の乳がんのため術後の経過も良好で、一人息子以外周囲には一切何も告げずに、夏休み明け何事もなかったかのように仕事に戻ったそうです。その後3か月間、放射線治療のために仕事が終わってから毎日病院に通うことになります。

そんなある日のこと、病院帰りに道ですれ違った若い男性から

「マダム、そんなに下ばかり見て歩いていてはだめだよ。顔を上げてごらん」

と声をかけられます。びっくりして声の主に視線を向け

「だって、私、がんなんだもの。つらくて上を向く気になんてなれないわ」

と答えると

「マダム、あなたはこんなに美しいのだから、前を見て進まなくてはだめだよ」

とだけ言い残し、その男性は立ち去っていったということでした。

「あの頃の私って、離婚以来ずっと落ち込んでいたのよね。がんになったのも離婚によるス

トレスが原因だと思い込んでいたから。気持ちを切り替えるいい機会になったわ」

それ以来、彼女は下を向いて歩くのをやめました。

「パリの街並みって、ほんとに素敵よね。通りを歩いているだけで楽しくなるわ。でもあの頃は、地面ばかり見ていたのよ」

と目を輝かせながら話をする美智子さんは、とても70代には見えません。

一人息子夫婦からの同居の誘いを断る

2018年、結婚してパリ郊外に住居を購入した一人息子から、同居の申し出を受けました。美智子さんの老後を気にかけての提案でしたが、フランス人のお嫁さんからは、

「子どもも産みたいけれど仕事のキャリアも諦められないから、赤ちゃんの世話や、掃除洗濯、家事はお母さんにお願いするわね」

と、はっきりと宣告されたそうです。すると美智子さんは、

「冗談じゃないわ。お手伝いさんをするために同居するなんて考えられない。私には私の人生があるのよ」

と、きっぱりと断ったそうです。彼女はこの決断を後悔していません。

離婚時の取り決めで、ご主人から仕送りを受け取っています。パリで暮らすには十分な額ではないけれど、自身の給与と合わせれば、一人暮らしが続けられます。

「昔みたいに、エステに通うのは難しいわね。贅沢はできないけれど、小さなホールなら30ユーロくらいで素敵なコンサートを聴けるのよ。美術館や映画館も高齢者割引があるし、自由があれば楽しめることはたくさんある。海が見たくなったら鉄道の格安切符を探して、一人でふらっと出かけたりね。カフェのテラスで道行くパリジャンを眺めているだけでも面白いし。パリって、肌の色も国籍も言語も異なるいろんな人がいるのだもの。日々の生活の中で楽しむことを諦めたくないのよね。同居したらそんな自由がなくなってしまうでしょう」

彼女といると、まるでフランス人女性といるような気がします。なんて潔いのだろう。私が彼女の立場だったら、将来への不安から、きっと息子の誘いに乗ってしまうだろうから。

「疲れている時もあるわよ。もう若くはないから。でもきっと、働かなくてはいけないことが、私の元気につながっているのよ」

パリで骨を埋める覚悟はできている

レストランの閉店や離婚、がん治療を経て自由を謳歌する美智子さんからは、悲壮感は全く伝わってきません。それればかりか、お会いするたびに人生への前向きな姿勢から、私のほうが彼女から元気を分けてもらっているような気さえします。

そんな彼女には将来への不安はないのでしょうか。

「働けなくなった時のことは考えないようにしているの。でももし、80歳を過ぎてからがんが再発したら、もう治療はしないと決めている。運命だと思うから」

フランスではがんと診断されると、検査も治療も入院費用もすべて国民健康保険でカバーされます。抗がん剤治療等で送迎の車が必要な場合は、タクシー代も負担されます。病院でお財布を出す必要は一切ありません。

それにもかかわらず、どうしてもう治療は受けたくないのでしょうか。

「日本にはもう家族はいないから、私はここで死のうと思っているの」

人生の大半をフランスで過ごしてきた美智子さん。

半世紀以上前、日本からフランスに渡ると決めたその時から、人生の節目節目で毎回自分の意志で決断を下してきました。楽なほうに流されるのではなく、自分の生きたい道を選んできたことに誇りを持っています。自分の人生に悔いがないからこそ、自分の最期はフランスで迎えると決めているのでしょう。

私は、まだ日本で暮らした年月のほうが長いので、老後は日本で暮らすのかフランスに残るのか決めかねています。あと10年くらいしたら結論が出せるのでしょうか。日本に戻ったら「はっきりズケズケとものを言うイヤなおばさん」と疎まれるのかもしれませんが。


美智子さんのように、そしてフランス女性たちのように、強く、潔く、前向きに生きる女性の姿は、いつまでたっても私の憧れです。でも裏返せば、我が道を行く彼女たちは、性格がきつくておそらくわがままで、日本人の私たちが一緒にいたら疲れることもあるかもしれません。それでも、やはり彼女たちを見ていると、とても元気をもらえるのです。

私たち日本人女性が、美しく年齢を重ねていく秘訣は、こんなところにあるのかもしれません。40代、50代を過ぎ、人生の中間地点を過ぎたなら、残された年月は少しくらい身勝手だと周囲に思われても、自分の意志で決断した生き方を実現してみてもいいのではないでしょうか。そのほうが後悔のない人生を生きられる、そう思うのです。

おわりに

2022年の夏、長く務めたエステティックサロンを退職しました。夫の転勤のためです。夫は年をとったら自分の故郷の近くで働きたいと思っていたようで、希望してフランス南西部への転勤を決めました。私はパリの生活が大好きでしたしエステティシャンという仕事は私の生きがいでしたので、迷った末の決断でした。フランス女性なら、自分のキャリアのほうを選ぶ方が多いかもしれませんが、20年以上もパリに住んだとはいえ、私はフランス人にはなりきれなかったのでしょう。夫について行くことを選びました。急遽、家を探し、夏の終わりにようやく荷物が片付きました。長年続けた仕事を辞め、「さて、これから何をしよう」、そう考えたときに思い浮かんだのが、以前からの夢だった「自分の本を出す」ということでした。私がフランスで経験したこと、そしてこれまでに出会ったフランス女性の、強く潔い生き方を本にしたい――それを形にしたのが、今読んでいただいているこの本です。

引っ越したばかりのフランス南西部からたびたびパリを訪れ、私が憧れていた女性たちを取材しました。年齢を重ねても、強く美しく生きる彼女たち。その人生の断片から何か学びとれればという想いで、この本を書きました。何度もご自宅にお伺いして長い時間ご一緒させていただき、私の質問に包み隠さず答えくださった皆さんには感謝の気持ちで一杯です。

イヴさんとジャンヌさんご夫妻からは、いつまでもお互いへの思いやりを忘れずに一日一日を丁寧に過ごすことの大切さを教わりました。

カトリーヌさんは、アフリカのアーティストとの交流により若者との友情を広げています。

マリエルさんは、今でも現役を続けていらっしゃるので生徒さんが訪ねて来てくれます。

ブリジットさんは、アパルトマンの管理組合の仕事を通じて隣人の知り合いが増えました。

ジュリエットさんは、異世代ホームシェアで、若者との生活を楽しんでいらっしゃいます。

そして、この素敵な二人との間を取り持ってくださったE2Gのゼネラルマネージャー、エステル・ド・サンボンさん並びにパリ西部マネージャー、カトリーヌ・ガルニエさん、オードセーヌ県責任者、ヴェロニック・ラスコーズさんには、心よりお礼を申し上げます。

日本もフランスも、高齢者の一人暮らしは、たとえ今は元気でも、同世代のパートナーや友人を一人二人と失っていく淋しさや心細さには、計り知れないものがあると想像できます。

今回のインタビューを通じて、年老いてからの「孤独」をどう克服するかは、私も含めて50〜60代の女性たちの重要なテーマであるとつくづく感じました。また、70〜80代の元気な女性たちのお話を聞かせていただいたおかげで、私も20年30年先を目指して、新しいことに挑戦したいという意欲が湧いてきました。日本は若くない女性には厳しい国です。本書を手に取ってくださった皆さんが、少しでも前向きに、たくましく歳を重ねる気持ちになってくだされば、こんなにうれしいことはありません。

ゴダール敏恵｜Godard Toshie

1965年生まれ。大学でフランス文学を学び、証券会社勤務を経て1999年に渡仏。フランス滞在中にエステティシャンの仕事に興味を持ち、2001年、エステティシャンフランス国家資格取得。さらに、大学病院がん病棟、精神病院、高齢者福祉施設やリハビリセンター等での研修を受け、2002年ソシオ・エステティシャン（病院や社会福祉施設で働くエステティシャン）国家認定資格を取得。
2004年〜、パリオペラ座近くのエステティックサロン店長を務め、20年にわたりフランス女性の"美"に関わる。2005年〜現在、ポンピドゥー病院等でがん患者を対象としたビューティーレッスン並びに高齢者福祉施設にてソシオ・エステティックにも取り組む。フランス在住23年、エステティシャン歴20年。

ブックデザイン　白畠かおり
編集協力　石井栄子
NPO法人企画のたまご屋さん
写真　ゴダール敏恵
Getty Images
校正　株式会社東京出版サービスセンター
編集担当　池上直哉

70代からのパリジェンヌ・スタイル

フランス女性に学ぶ、幸せなシニア暮らし

著　者　ゴダール敏恵
編集人　新井 晋
発行人　倉次辰男
発行所　株式会社主婦と生活社
〒104-8357　東京都中央区京橋3-5-7
編集部　Tel 03-3563-5136
販売部　Tel 03-3563-5121
生産部　Tel 03-3563-5125
https://www.shufu.co.jp
製版所　東京カラーフォト・プロセス株式会社
印刷所　大日本印刷株式会社
製本所　小泉製本株式会社
ISBN978-4-391-15908-0